MARCO POLO

POTSDAM

MIT UMGEBUNG

MARCO POLO AUTOREN

Kerstin Sucher, Bernd Wurlitzer

Potsdam liegt für die beiden renommierten Reisejournalisten *(www.tourismus-journalisten.de)* fast vor der Haustür. Von Berlin aus fahren sie oft in Brandenburgs Landeshauptstadt und ihre wasserreiche Umgebung, bummeln in den Parks, genießen die Kulturangebote und vergessen dabei manchmal, dass sie eigentlich zum Arbeiten und nicht zum Vergnügen hergekommen sind.

REIN INS ERLEBEN

Mit dem digitalen Service von MARCO POLO sind Sie noch unbeschwerter unterwegs: Auf den Erlebnistouren zielsicher von A nach B navigieren oder aktuelle Infos abrufen – das und mehr ist nur noch einen Fingertipp entfernt.

Hier geht's lang zu den digitalen Extras:

http://go.marcopolo.de/pot

Touren-App

Ganz einfach orientieren und jederzeit wissen, wo genau Sie gerade sind: Die praktische App zu den Erlebnistouren sorgt dank Offline-Karte und Navigation dafür, dass Sie immer auf dem richtigen Weg sind. Außerdem zeigen Nummern alle empfohlenen Aktivitäten, Genuss-, Kultur- und Shoppingtipps entlang der Tour an.

HTTP://GO.MARCOPOLO.DE/POT

Update-Service

Immer auf dem neuesten Stand in Ihrer Destination sein: Der Online-Update-Service bietet Ihnen nicht nur aktuelle Tipps und Termine, sondern auch Änderungen von Öffnungszeiten, Preisen oder anderen Angaben zu den Reiseführerinhalten. Einfach als PDF ausdrucken oder für Smartphone, Tablet oder E-Reader herunterladen.

6 **INSIDER-TIPPS**
Von allen Insider-Tipps finden Sie hier die 15 besten

8 **BEST OF ...**
- Tolle Orte zum Nulltarif
- Typisch Potsdam
- Schön, auch wenn es regnet
- Entspannt zurücklehnen

12 **AUFTAKT**
Entdecken Sie Potsdam!

18 **IM TREND**
In Potsdam gibt es viel Neues zu entdecken

20 **FAKTEN, MENSCHEN & NEWS**
Hintergrundinformationen zu Potsdam

26 **SEHENSWERTES**
27 Zentrum
37 Park Sanssouci
45 Nördlich des Zentrums
49 Neuer Garten
53 Park Babelsberg
54 Andere Stadtviertel

60 **ESSEN & TRINKEN**
Die besten Adressen

68 **EINKAUFEN**
Shoppingspaß und Bummelfreuden

SYMBOLE

INSIDER TIPP Insider-Tipp
★ Highlight
●●●● Best of ...
Schöne Aussicht
Grün & fair: für ökologische oder faire Aspekte
(*) Kostenpflichtige Telefonnummer

PREISKATEGORIEN HOTELS

€€€ über 130 Euro
€€ 90–130 Euro
€ bis 90 Euro

Die Preise gelten für zwei Personen im Doppelzimmer inklusive Frühstück

PREISKATEGORIEN RESTAURANTS

€€€ über 16 Euro
€€ 12–16 Euro
€ bis 12 Euro

Die Preise gelten für ein Hauptgericht ohne Vor- und Nachspeise und ohne Getränke

72 **AM ABEND**
Wohin ausgehen?

76 **ÜBERNACHTEN**
Adressen von günstig bis luxuriös

82 **ERLEBNISTOUREN**
82 Potsdam perfekt im Überblick
86 Architekturkopien aus ganz Europa
89 Promi-Viertel am Seeufer
91 Mit dem Rad ins Grüne

94 **MIT KINDERN UNTERWEGS**
Die besten Ideen für Kinder

96 **POTSDAMS UMGEBUNG**
96 Berliner Parklandschaft
99 Potsdamer Havelseengebiet

104 **EVENTS, FESTE & MEHR**
Alle Termine auf einen Blick

106 **LINKS, BLOGS, APPS & CO.**
Zur Vorbereitung und vor Ort

108 **PRAKTISCHE HINWEISE**
Von A bis Z

112 **CITYATLAS & STRASSENREGISTER**

129 **REGISTER & IMPRESSUM**

131 **BLOSS NICHT!**

GUT ZU WISSEN
Potsdam sportlich → S. 23
Bücher & Filme → S. 24
Richtig fit → S. 47
Entspannen & Genießen → S. 58
Gourmettempel → S. 64
Spezialitäten → S. 66
Luxushotels → S. 80
Schiffstouren → S. 102
Feiertage → S. 105
Was kostet wie viel? → S. 109
Wetter → S. 110

KARTEN IM BAND
(114 A1) Seitenzahlen und Koordinaten verweisen auf den Cityatlas
(0) Ort/Adresse liegt außerhalb des Kartenausschnitts.
Es sind auch die Objekte mit Koordinaten versehen, die nicht im Cityatlas stehen.
Übersichtskarte Potsdam mit Umland auf S. 124/125

(A–B 2–3) verweist auf die herausnehmbare Faltkarte

UMSCHLAG VORN:
Die wichtigsten Highlights

UMSCHLAG HINTEN:
Liniennetzplan der öffentlichen Verkehrsmittel

Die besten MARCO POLO Insider-Tipps

Von allen Insider-Tipps finden Sie hier die 15 besten

INSIDER TIPP **Theater etwas anders**
Mit ungewöhnlichen Aufführungen begeistern die freien Theatergruppen ihr Publikum beim *Unidram Internationalen Theaterfestival* → S. 105

INSIDER TIPP **Vegan genießen**
Gutes essen, Gutes tun: Mit diesem Motto überrascht das vegane Genießercafé *Good Deats* mit rein pflanzlichen Kreationen und Pralinen → S. 63

INSIDER TIPP **Fische aus Oder, Havel und Spree**
Die Welsdame „Weline" ist der Star unter den einheimischen Fischen in den Aquarien des *Naturkundemuseums* → S. 34

INSIDER TIPP **Kalorienzählen unerwünscht**
Verzichten Sie aufs Kalorienzählen: Den köstlichen Käsetorten im *Café Guam* kann man einfach nicht widerstehen. Bis zu 19 Sorten stellt der Hauskonditor jeden Tag her → S. 62

INSIDER TIPP **Küchengeflüster**
Wo und wie entstand das, was Majestät gern mochte und seinen Gästen servieren ließ? Das erfahren Sie bei einem Blick in die *Schlossküche* von Sanssouci – seinerzeit die modernste weit und breit → S. 44

INSIDER TIPP **Duftige Verführung**
Himmlisch duftet der Tee aus dem Teeladen *Götz + Götz*, eine großartige Verführung: nicht nur zum Kaufen, auch zum Genießen der zahlreichen Teesorten und edlen Pralinés im kleinen, gemütlichen Teesalon → S. 71

INSIDER TIPP **Orangerote Vitaminbomben**
Die kleinen vitaminreichen Sanddornbeeren strotzen nur so vor Gesundheit. Verarbeitet zu leckeren Säften, Fruchtaufstrichen, Likören und Weinen, Gummibärchen und sogar auch zu Naturkosmetik werden sie im Hofladen des Petzower *Sanddorn-Gartens* angeboten (Foto o.) → S. 102

INSIDER TIPP **Dem Kronprinzenpaar in die Wohnung blicken**

Wie Cecilie und Wilhelm im *Schloss Cecilienhof* wohnten und lebten → S. 52

INSIDER TIPP **Schmuck kreieren**

Erleben Sie, wie im unkonventionellen Ambiente des Goldschmiedecafés *Genna d'Oro* Unikatschmuck entsteht, oder fertigen Sie in Kursen selbst ein Stück nach eigenen Vorstellungen (Foto u.) → S. 70

INSIDER TIPP **Zeitgenössischer Tanz und neue Musik**

Die *Fabrik Potsdam*: Hier können Sie modernen und experimentellen Tanz von jungen Künstlern in Inszenierungen bekannter Choreografen sehen → S. 75

INSIDER TIPP **Geschichte trifft Kunst**

Neben der Ausstellung zur deutsch-deutschen Geschichte bietet die *Villa Schöningen* Künstlern eine Bühne für hochkarätige Kunstausstellungen → S. 59

INSIDER TIPP **Mit den Taxi-Schiffen übers Wasser**

Die gelb-schwarzen *Potsdamer Wassertaxis* gehören zum Stadtbild Potsdams wie Straßenbahn oder Bus. 13 attraktive Ziele lassen sich damit auf dem Wasserweg ansteuern → S. 110

INSIDER TIPP **Musik im Bauernhaus**

Im Innenhof eines alten Bauernhauses unterhält die *Fercher Obstkistenbühne* mit musikalischen Programmen → S. 101

INSIDER TIPP **Vogelperspektive**

Von der Aussichtsplattform der *Nikolaikirche* einen tollen Blick auf Potsdam genießen → S. 35

INSIDER TIPP **Kultur und Kunst im Dreierpack**

Jazzkonzerte, Ausstellungen zeitgenössischer Kunst in Galerien und Museen und den Denkmalpflegern bei ihrer Arbeit zuschauen – das können Sie beim *Potsdamer Dreiklang* → S. 105

BEST OF ...

TOLLE ORTE ZUM NULLTARIF

Neues entdecken und den Geldbeutel schonen

SPAREN

● ***Musik unterm Blätterdach***
Feiner Glockenklang schwebt über der Havel bei *Nikolskoe*, wenn zu jeder Stunde das Glockenspiel vom Kirchturm erklingt. Zahlen müssen Sie nichts für das Hörvergnügen, auch für die musikalischen Vespern in der Kirche, die in den Sommermonaten jeden Samstag um 17 Uhr stattfinden, wird kein Eintritt verlangt → S. 98

● ***Open-Air-Konzerte auf dem Pfingstberg***
Musik von Telemann und Bach, Hörnerklänge, Akkordeonspiel, Lesungen. Und das alles gratis vor der traumhaften Kulisse des *Belvedere auf dem Pfingstberg* dank der sommerlichen Veranstaltungsreihe „Kultur in der Natur" des Fördervereins Pfingstberg → S. 46

● ***Einblick in Geschichte und Politik***
Nigelnagelneu ist Potsdams *Stadtschloss* und atmet doch Geschichte. Ohne Eintritt zu zahlen, können Sie sich den Innenhof, das Treppenhaus und das Foyer anschauen und zur Dachterrasse hinaufgehen. Und als zusätzliches Bonbon: Die Freitagsführungen ermöglichen nicht nur einen Blick hinter die Kulissen der Macht, sie sind auch gratis → S. 36

● ***Russlandreise***
Bei einem Gang durch die *Russische Kolonie Alexandrowka* (Foto) können Sie 13 historische Holzhäuser und die Alexander-Newski-Kirche auf dem nahen Kapellenberg erkunden – eine kleine Reise nach Russland ganz ohne Visa- und Eintrittsgebühren → S. 49

● ***Lange Kerls***
Normalerweise muss für so farbenprächtige Shows Eintritt gezahlt werden. Doch wenn die Potsdamer Riesengarde im *Krongut Bornstedt* exerziert, werden nicht Geldbörsen, sondern Kameras gezückt → S. 47

● ***365 Tage Blüten***
Karl Foersters denkmalgeschützter *Staudengarten* in Bornim blüht und grünt das ganze Jahr über und bietet immer neue Entdeckungen. Und am Garteneingang werden Sie nicht zur Kasse gebeten → S. 58

●●●● Diese Punkte zeichnen in den folgenden Kapiteln die Best-of-Hinweise aus

TYPISCH POTSDAM

Das erleben Sie nur hier

Einmal König sein

Eintauchen in die Welt von Friedrich dem Großen in *Schloss Sanssouci.* Empfangen Sie in Gedanken im Marmorsaal Gäste, hören Sie im Konzertzimmer den Hammerflügel erklingen, und sehen Sie sich am Schreibtisch im Arbeitszimmer sitzen. Kaum verlassen Sie das Schloss, hat die Normalität Sie wieder, verflogen sind die Königsträume → S. 43

Köstlichkeiten vom Spitzenkoch

Wer in Potsdam gut speisen möchte, der lässt sich von Sternekoch Alexander Dressel im Restaurant *Friedrich Wilhelm* verwöhnen. Mit seiner innovativen deutschen Küche beweist er, dass man aus regionalen Produkten vorzügliche Gaumenfreuden zaubern kann → S. 64

Achtung, Kamera läuft ...

Im *Fernsehstudio 1* im Filmpark Babelsberg werden Sie erwartet: Hier können Sie wie Thomas Gottschalk moderieren, wie Jan Hofer die Nachrichten sprechen oder vor der Kamera das Wetter verkünden. Bis zu 450 Zuschauer schauen Ihnen in dem hauseigenen Studio im Filmpark Babelsberg zu → S. 57

Mit „Gustav" um Potsdam

Nostalgie im Doppelpack! Das kohlebefeuerte Dampfschiff *Gustav* trägt Sie zu historischen Schlössern und Gärten. Die Insel Potsdam auf dem Wasser umrunden, die Stadt aus anderer Perspektive sehen – das ist ein besonderes Erlebnis → S. 102

Klein-Amsterdam

Bummeln Sie mitten in Potsdam durch ein Stückchen Holland. Im berühmten *Holländischen Viertel* laden unzählige kleine Geschäfte zum Stöbern und Cafés zum Ausruhen ein (Foto). Wenn Sie hier einen Holländer treffen, ist es jedoch garantiert ein Tourist, denn der letzte holländische Bewohner hat Potsdam bereits 1928 verlassen → S. 33

Auf den Spuren der Weltgeschichte

In Potsdam wurde am Ende des Zweiten Weltkriegs Weltgeschichte geschrieben. Im *Schloss Cecilienhof* stehen Sie vor dem runden Tisch, an dem sich die damals drei mächtigsten Regierungschefs zur Potsdamer Konferenz trafen → S. 51

TYPISCH

BEST OF ...

SCHÖN, AUCH WENN ES REGNET

Aktivitäten, die Laune machen

REGEN

● ***Weben wie die Großmutter***

In der *Handweberei Henni Jaensch-Zeymer* in Geltow rattern 16 bis zu 200 Jahre alte Handwebstühle. Im Museumsladen gibt es hier gewebte Textilien und im Café an den Sommerwochenenden hausgebackenen Kuchen → S. 100

● ***Ab in die Grotten***

Im Grotten- und Muschelsaal sowie in den anderen Räumen des *Neuen Palais* gibt es viel zu entdecken. Wenn Ihnen das nicht reicht (oder es immer noch regnet), lassen Sie sich noch durch die Wohnung von Friedrich dem Großen führen → S. 40

● ***Im Trocknen auf dem Wasser***

Das *Theaterschiff*, ein ehemaliger Lastkahn, liegt vertäut an der Schiffbauergasse. Auf dem Programm stehen Theater, Kabarett, Musik. Vor Veranstaltungsbeginn können Sie im Schiffsrestaurant speisen oder den Abend beim Absacker ausklingen lassen → S. 75

● ***Zwölf Monate Sommer***

Das ganze Jahr herrscht in der *Biosphäre* Sommer. Spazieren Sie durch die Welt der Tropen, bewundern Sie farbenprächtige Orchideen, bis zu 14 m hohe Palmen und afrikanische Papageien – und erleben Sie jede Stunde ein Tropengewitter, ohne nass zu werden (Foto) → S. 46

● ***Gemälde großer Meister***

134 Meisterwerke hängen in der *Bildergalerie* von Sanssouci. Wenn Sie jedes Bild nur drei Minuten betrachten, benötigen Sie insgesamt gut sechs Stunden. Danach hat der Regen gewiss aufgehört → S. 37

● ***Die Welt des Films***

Im *Filmmuseum* in die Filmgeschichte Babelsberg eintauchen und am Abend im hauseigenen Kino einen der beliebten Stummfilme anschauen, die auf der Welte-Kinoorgel begleitet werden → S. 31

ENTSPANNT ZURÜCKLEHNEN

Durchatmen, genießen und verwöhnen lassen

ENTSPANNT

● *Fahrt ins Blaue*

Gönnen Sie sich einen Faulenzertag: Mieten Sie bei *Huckleberry Tours* an der Schiffbauergasse ein Floß, packen Sie ein Picknick ein und lassen Sie sich auf den Havelgewässern einfach nur treiben. Beine ins Wasser und Schwäne und Enten beobachten – das entspannt! → S. 111

● *Musik in Schlössern und Kirchen*

Die Hohenzollern schwelgten in Kunst. Fortgesetzt wird diese Tradition von den *Musikfestspielen Potsdam-Sanssouci.* Genießen Sie die Symbiose von Architektur und Musik, lauschen Sie dem Klang der Instrumente, gespielt von Künstlern aus aller Welt → S. 104

● *Träumen auf historischen Wegen*

Auf einer Bank im *Park Babelsberg* dem Gezwitscher der Vögel lauschen oder auf sanft geschwungenen Wegen sich den Gedanken hingeben. Hier entspannte schon vor mehr als 100 Jahren Kaiser Wilhelm I. – nicht selten in Begleitung hoher Staatsgäste → S. 53

● *Kleine Auszeiten vom Alltag*

Pflastermüde? Erschöpft vom Sightseeing? Dann ab zu *Float Potsdam*! Welch ein Erlebnis, bei wohligen 35 Grad, absoluter Ruhe oder meditativer Musik im Salzwasser zu schweben. Die Schwerkraft scheint aufgehoben, die Gedanken kommen zur Ruhe, die Muskeln entspannen. Einfach Genuss pur! → S. 58

● *Nicht nur für Naschkatzen*

Ob Naschkatze oder nicht, an der kleinen Bioschokoladenmanufaktur *Confiserie Felicitas* kommt kaum einer vorbei. Bei einer hausgemachten Trinkschokolade und den vielen Leckereien werden Ihre Glückshormone Purzelbäume schlagen (Foto) → S. 71

● *Oase der Entspannung*

Wohlige Wärme, sanfte Massagen, angenehme Düfte und 28 Grad warmes Wasser im Pool. Im Wellnesstempel des *Resort Schwielowsee* können Sie es sich richtig gut gehen lassen → S. 102

AUFTAKT

ENTDECKEN SIE POTSDAM!

Wer Potsdam hört, denkt vor allem an die Schlösser und Gärten, an Kunst, Kultur und Seen, aber auch an Fernsehmoderator Günther Jauch und Modezar Wolfgang Joop, die beide in der brandenburgischen Landeshauptstadt wohnen. Vielleicht auch an das Potsdamer Abkommen, die Glienicker Brücke und die 1. Frauenfußballmannschaft von „Turbine Potsdam", eine der erfolgreichsten Europas.
Doch nach wie vor verbindet sich der Name Potsdam vor allem mit ***Schloss Sanssouci***. Preußenkönig Friedrich II., in die Geschichte als Friedrich der Große eingegangen, haben wir die Perle des Rokoko zu verdanken. Ohne ihn wären wir wohl um den ***größten Park- und Schlosskomplex nördlich der Alpen*** ärmer. Potsdam lockt aber auch mit anderen Attraktionen, die entdeckt werden wollen. Eine gute Einstimmung ist ein Gang durchs ***Holländische Viertel***, die größte holländische Siedlung außerhalb der Niederlande. In den kleinen Läden können Sie shoppen und es sich in Dutzenden von Restaurants, Cafés und Bars gut gehen lassen. Einheimische und Touristen finden sich in den Backsteinhäusern einmütig an Tischen und Tresen zusammen. Oder lenken Sie Ihre Schritte in die ***Russische Kolonie Alexandrowka***; wie ein Freilichtmuseum wirkt die Siedlung mit ihren historischen Holzhäusern. Mancher Tourist soll

Bild: Altes Rathaus

schon durch ein offen stehendes Hoftor spaziert sein, um sich bei den verdutzten Bewohnern zu erkundigen, wo denn die Kasse sei und der Rundgang beginne. Und alles ist eingebettet in eine ***Seen- und Flusslandschaft***, die schon Theodor Fontane und Preußens Könige begeisterte.

Heute sind es neben den zahlreichen Touristen auch die ***mehr als 20 000 Studenten***, die das Gesicht der lebendigen Innenstadt mit ihren Kneipen, Restaurants und kleinen Läden bestimmen. Sie bringen frischen Wind nach Potsdam. In-Treff ist heute das Jahrzehnte vom Militär besetzte Gebiet zwischen Neuem Garten und Babelsberger Park, die ***Schiffbauergasse***. Eine lebendige Kunst- und Kulturszene hat sich hier entwickelt. Das historische Waschhaus, die Maschinenhalle und die Husarenpferdeställe wurden restauriert, eingezogen sind zahlreiche Künstler und kreative Unternehmen. Das Theater und der Uferpark entstanden neu, und das Schiffsrestaurant „John Barnett" sowie das italienische Restaurant „Il Teatro" locken mit Gaumenfreuden der verschiedensten Art.

Lebendige Kunst- und Kulturszene

Die Potsdamer fühlen sich in ihrer Stadt wohl, sie haben also allen Grund zum Feiern. ***Jazzfestival, Tanztage, Musikfestival*** – viele Events erfreuen sich überregional eines guten Rufs. Doch der Superlativ aller Veranstaltungen ist die ***„Schlössernacht"***, ein rauschendes Spektakel mit Glanz und Gloria, mit Hunderten von Künstlern und rund 30 Spielorten, an denen erst lange nach Mitternacht die Lautsprecher abgestellt

Kultur mit Seeblick: Potsdams neue Kunstszene konzentriert sich in der Schiffbauergasse am Tiefen See

werden. Tausende sitzen in den Startlöchern, wenn zum Vorverkauf gerufen wird. Innerhalb weniger Tage sind alle 33 000 Karten verkauft, schon Monate vor diesem Super-Event. Wer kein Ticket ergattern konnte, dem seien die ***„Nächtlichen Schlösserimpressionen"*** empfohlen. An sechs Wochenenden im Jahr erstrahlen am Havelufer liegende Schlösser und Kirchen im Lichterglanz. Die Schiffe der Weißen Flotte starten zu einer dreistündigen romantischen Korsofahrt, und so können Sie sich an der Lichterpracht vom Wasser aus erfreuen.

Potsdam ist in. Im Gegensatz zu anderen Städten im Osten Deutschlands gibt es hier keinen Bevölkerungsrückgang. Die Havelstadt zählt rund 159 000 Einwohner und gilt als eine der familienfreundlichsten in Deutschland. Mehr als 30 Einrichtungen setzen der Kreativität von Kindern und Jugendlichen keine Grenzen. Über 120 Sportvereine sind vorhanden, es gibt sogar ein eigenes Kinder- und Jugendtheater. Im Volkspark, den die Bundesgartenschau 2001 hinterlassen hat, treffen sich die Inlineskater, werden Fahrradrennen veranstaltet und auf den Wiesen Sonnenbäder genossen und Würstchen gegrillt. Das alles ist in den drei großen Schloss- und Landschaftspark der Stadt verboten. Denn über die hält die Unesco ihre Hand, damit auch kommende Generationen sich an diesen Kunstwerken erfreuen können.

Eine der familienfreundlichsten Städte Deutschlands

In Potsdam begegnen sich ***Vergangenheit und Gegenwart*** intensiver als anderswo. Die Havelstadt, einst die zweite Residenz der preußischen Könige und deutschen Kaiser, galt als Symbol für den preußisch-deutschen Militarismus, der der Welt nichts Gutes bescherte: Am Abend des 1. August 1914 unterzeichnete Kaiser Wilhelm II. an seinem Schreibtisch im Neuen Palais die Verkündigung des Kriegszustands. Vier Jahre später flüchtete er in das holländische Doorn. 59 Bahnwaggons, vollgestopft mit Möbeln, Bildern, Porzellan, Silber und einem Auto, rollten hinterher. Am 21. März 1933 dann, dem „Tag von Potsdam", wurde in der Hof- und Garnisonkirche Adolf Hitler mit großem militärischem Pomp als Reichskanzler vereidigt, zwölf Jahre später flog die britische Royal Air Force einen Angriff auf Potsdam. Der britische Heeresbericht meldete daraufhin: „Potsdam besteht nicht mehr."

Bis 1989 fristete Potsdam ***im Schatten der um West-Berlin errichteten Mauer*** ein kümmerliches Dasein. Wer lange nicht mehr in Potsdam gewesen ist, der heutigen Landeshauptstadt des Bundeslands Brandenburg, kommt aus dem Staunen nicht heraus. Die prachtvollen Geschäftshäuser, die historischen Stadttore und luxuriösen Villen erstrahlen in neuem Glanz, der Stadtkanal entstand teilweise wieder, der neue Lustgarten wurde eine Zierde. Potsdam wandelte sich ***vom Militärstandort zur Wissenschafts- und Medienstadt*** und setzt auf den Tourismus. Hotels wurden gebaut, unzählige Gaststätten eingerichtet.

Und es geht weiter. Nach jahrelangen Zwistigkeiten ist es nun endlich so weit: Potsdam hat sein in der Bombennacht 1945 zerstörtes ***Stadtschloss*** zurückerhalten, in das im Januar 2014 der Brandenburger Landtag eingezogen ist. Weitgehend dem historischen Grundriss folgend wurde das Bauwerk mit der originalgetreuen barocken Außenfassade wieder aufgebaut. Zusammen mit der Nikolaikirche und dem Alten Rathaus bildet es wieder Potsdams historische Mitte, die in den nächsten Jahren auch an anderen Stellen manches von ihrem einstigen Aussehen zurückerhält. So entstehen an der Alten Fahrt entlang der künftigen Humboldt- und Brauerstraße der Palast Barberini, der Palazzo Pompei und der Palazzo Chiericati wieder. Zudem haben der Bund und das Land Brandenburg ein Sonderinvestitionsprogramm von 155 Mio. Euro beschlossen. Damit kann die Stiftung Preußische Schlösser und Gärten Berlin-Brandenburg 23 Bau- und Gartendenkmäler bis zum Jahr 2017 sanieren und den Besucherservice verbessern. Zu den vordringlichsten Projekten gehört das ***Neue Palais*** mit seinen rund 500 Räumen, dessen Zustand teilweise als prekär beurteilt wird. Durch die umfangreichen Bauarbeiten wird es in den nächsten Jahren immer wieder zu vorübergehenden Schließungen von einzelnen Einrichtungen kommen.

155 Mio. Euro zur Sanierung der Bau- und Gartendenkmäler

Um manch anderes wird jedoch gerangelt, wie um den durch Spenden finanzierten Wiederaufbau der im Krieg zerstörten Garnisonkirche, deren Reste die DDR-Mächtigen 1968 sprengen ließen. Die Meinungen hierüber gehen stark auseinander, vorerst hat man am früheren Standort der Kirche im Sommer 2011 eine provisorische Kapelle eröffnet. Gerangel gibt es auch um ***Eintrittsgebühren für die Parkanlagen***, gegen die sich die Potsdamer bisher mit Erfolg wehrten.

Potsdam ist international bekannt, denn Deutschlands Hauptstadt Berlin ist nur einen Katzensprung entfernt, und wenn ***ausländischen Staats- und Regierungschefs*** etwas Besonderes geboten werden soll, fährt man mit ihnen in die nahe Havelstadt. Sogar Weltgeschichte wurde hier geschrieben: Nach dem Zweiten Weltkrieg trafen sich die Staatschefs der Siegermächte im Schloss Cecilienhof, um die europäische Nachkriegsordnung zu beschließen. Als „Potsdamer Abkommen" ist das Dokument in die Geschichtsbücher eingezogen. Auch die ***Glienicker Brücke*** ist weltbekannt. Während des Kalten Kriegs tauschte man hier Agenten zwischen Ost und West aus, die Fernsehbilder gingen rund um den Globus.

Auch Potsdam hat sein Brandenburger Tor – dahinter beginnt die Fußgängerzone

Ganz andere Bilder sind in der ***Filmstadt Babelsberg*** entstanden, wo die legendäre Ufa Filme produzierte, die Generationen begeisterten, so 1929 den ersten vollständigen deutschen Tonfilm und 1941 den ersten abendfüllenden deutschen Farbfilm „Frauen sind doch bessere Diplomaten". Zu DDR-Zeiten drehte die Defa in der Filmstadt, ihre Stars waren die bald auch im Westen bekannten Regisseure Frank Beyer, Heiner Carow, Konrad Wolf und die Schauspieler Annekathrin Bürger, Angelica Domröse und Manfred Krug. Heute trifft sich Hollywood in Babelsberg. Zu den jüngeren, teils Oscar-gekrönten Produktionen zählen „The Ghostwriter" und „Der Pianist" unter der Regie von Roman Polanski, „Inglourious Basterds" mit den Hollywood-Stars Brad Pitt und Diane Kruger und „Der Vorleser" mit Kate Winslet in der Hauptrolle. Seit Ende des Zweiten Weltkriegs sind in den Babelsberger Ateliers ***mehr als 1200 Kino- und Fernsehfilme*** entstanden, und ständig kommen neue dazu.

Heute trifft sich Hollywood in Babelsberg

„Wenn Sie diese Stadt sehen, wird sie Ihnen gefallen", soll Friedrich der Große selbstbewusst ausgerufen haben. Niemand hat ihm bis heute widersprochen. Und Jauch, Joop & Co. hätten sich wohl kaum ihr Zuhause in Potsdam eingerichtet, wären sie nicht auch der Meinung: Potsdam ist eine ***lebens- und liebenswerte Stadt***, eine der schönsten Deutschlands.

IM TREND

1 Fotokunst

Abgelichtet Steffen Mühle macht mehr als Fotos: Er arrangiert, verfremdet, collagiert und erschafft so ganz eigene Kunst *(www.steffen-mühle.de)*. Zu sehen sind seine Arbeiten in der Galerie *Kunst-Kontor (Bertinistr. 16b | www.kunst-kontor-sehmsdorf.de)*. Weitere gute Fotokunstadressen in der Stadt sind *Kunstraum Potsdam (Schiffbauergasse 6 | www.kunstraumpotsdam.de)* und die *Galerie Ruhnke (Charlottenstr. 122 | www.galerie-ruhnke.de) (Foto)*.

2 Am See

Beachlife Loungen an den Potsdamer „Meeren" ist beliebt wie nie. In und rund um die Stadt wartet die Abkühlung in Strandbädern. Allerdings ist Wasser nicht alles. Im *Seebad Caputh (Weg zum Strandbad 1 | www.seebad-caputh.de) (Foto)* kühlt man sich ebenso gut an der *Seebar Al Faro* ab, im *Stadtbad Park Babelsberg (Am Babelsberger Park 2)* am Tiefen See erfrischen sich auch die Promis nach dem Dreh. Südseelaune herrscht ebenfalls in der *Seerose (Breite Str. 24 | www.seerose-potsdam.de)*.

3 Modisches Mittel

Im Viertel Nach Szene sieht die Mittelstraße im Holländischen Viertel gar nicht aus. Hinter den weißen Fensterläden pocht aber das modische Herz der Stadt. Namhafte Designer wie Brunello Cucinelli, Lamberto Losani oder Cambio sind im *Cashmere & more (Mittelstr. 24 | www.cashmere-and-more.de)* zu haben. Individuelles hat *Emmas Mode- und Lebenskunst (Mittelstr. 3)*, wo Sie sich sogar Ihr Lieblingsstück anfertigen lassen können. Und bei *Herrn Knuth (Mittelstr. 38 | www.herrknuth.de)* gibt es sowohl elegante als auch lässige Herrenmode – und zu beidem das passende Schuhwerk.

In Potsdam gibt es viel Neues zu entdecken. Das Spannendste auf diesen Seiten

Unter Wasserratten

4

Nasser Sport Potsdam ist bekannt für seine vielen Gewässer. Dass das auch sportliche Früchte trägt, ist klar. Auf Seen und Kanälen geht es im Sommer zur Sache. Beispielsweise bei den *Potsdamer Wasserspielen (Am Luftschiffhafen 2 | www.kcpotsdam.de)*, wo sich nicht nur Kanus und Kajaks auf dem Wasser tummeln, sondern auch Drachenboote. Es gibt Wettrennen und Wasserpoloturniere und natürlich eine große „Wasserschlacht", Musik und Imbissstände. Zu den Favoriten gehört jedes Jahr aufs Neue der *Kanu Club Potsdam (www.kcpotsdam.de)*. Ein weiteres Highlight ist der *Kanalsprint (Yorckstraße | Kanalabschnitt Stadtschloss bis Garnisonkirche | www.kcpotsdam.de) (Foto)*, der Kanuten aus ganz Deutschland nach Potsdam lockt.

Auf dem Teller

5

Bio und fleischlos Lernen Sie Brandenburgs grünes Herz auf einer *Biotour (www.bio-berlin-brandenburg.de)* kennen und treffen Sie u. a. den „Kürbiskönig" Thomas Syring. Auf seinem Hof *(Trebbiner Str. 69f | Zauchwitz | www.beelitzerkuerbis.de) (Foto)* züchtet er mehr als 50 Kürbissorten – in Bioqualität, die zur Herstellung von hochwertigem Beelitzer Kürbiskernöl sowie weiteren Kürbiskernspezialitäten verwendet werden. Davon wandert vielleicht auch der eine oder andere in die köstlichen Quiches des *Cafés Kieselstein (Hegelallee 23 | www.cafe-kieselstein.de)*. Naturkostladen und Bistro in einem vereint die *BioWelt Potsdam (Mo geschl. | Kopernikusstr. 12 | www.biowelt-potsdam.de)* in Babelsberg. Lecker ist das Biofrühstück, mittags werden eine Suppe und ein Tagesgericht gekocht, immer frisch und jeweils einzeln zubereitet.

FAKTEN, MENSCHEN & NEWS

DER ALTE FRITZ

Könige und Kaiser hat Potsdam viele gesehen, doch am berühmtesten ist wohl der zynische und im späteren Alter kauzige Friedrich II., der Große, auch der „Alte Fritz" genannt. Wohl bekannt ist sein üblicher Tagesablauf: Im Sommer stand der König um 5 Uhr auf, im Winter gegen 6 Uhr. Ein Lakai half ihm beim Ankleiden und rasierte ihn. Bis zur Abnahme der Parade um 11 Uhr bearbeitete er Schreiben von Ministern und Behörden. Notierte der König etwas, geschah es meist in fehlerhafter Orthografie, denn Deutsch beherrschte er im Gegensatz zum Französischen relativ schlecht. Nach dem Mittagessen kam ein Vorleser, gegen 19 Uhr begann meist ein kleines Konzert, bei dem der Alte Fritz Flöte spielte, danach folgte das Abendessen mit Gästen. Seine Gemahlin oder gar andere Frauen nahmen daran nicht teil. Friedrich II. besaß im Gegensatz zu vielen anderen Monarchen keine Mätresse.

DIE LANGEN KERLS

Mit klingendem Spiel marschierte Potsdams Traditionstruppe schon in vielen Teilen der Welt, um für ihre Stadt zu werben. Schauparaden der Langen Kerls fanden in Paris, Brüssel, Tokio und New York großen Anklang. Beim Schauexerzieren in Potsdam kam es dagegen in der Vergangenheit immer wieder zu Störungen durch die „Kampagne gegen Wehrpflicht", die die Veranstaltungen als Verherrlichung des preußischen Militarismus kritisiert. Die Garde – nach dem Zusam-

 Bild: Glienicker Brücke

Vielfalt in der Kulturstadt: Hier treffen Sie auf engagierte, berühmte, seltsame und großzügige Menschen sowie auf viel Natur

menbruch der DDR als Traditionsverein wiederauferstanden – hat als Aufnahmebedingung, dass mindestens das Gardemaß von sechs Preußischen Fuß an die Messlatte gebracht wird, also 1,88 m. Mit den hohen Mützen sind die Langen Kerls dann über 2,40 m groß. Sie waren die Vorzeigetruppe des Soldatenkönigs Friedrich Wilhelm I. In aller Herren Länder waren seine Werber unterwegs, um mit List und Tücke überdurchschnittlich große junge Männer nach Potsdam zu holen. Rekordhalter war mit 2,17 m der Ire James Kirkland. Am 22. Juni 1740 präsentierten die „echten" Langen Kerls zum letzten Mal das Gewehr zu Ehren ihres verstorbenen Königs. Sein Nachfolger löste das Regiment auf.

GLIENICKER BRÜCKE

In den Zeiten des Kalten Kriegs war die *Glienicker Brücke* oft in den Medien vertreten, denn hier wurden Agenten ausgetauscht. Ihre geopolitische Lage ist einzigartig: Der westliche Brückenteil gehörte zum „Osten" (DDR-Bezirk Pots-

Im Sommer zeigt sich die Freundschaftsinsel in einem farbenfrohen Blütenmeer

dam, heute Land Brandenburg), der östliche zum „Westen" (West-Berlin, heute Hauptstadt Deutschlands). Rund 150 Agenten und Dissidenten schritten in den Jahren des Kalten Kriegs über die Brücke. 1962 tauschte man beispielsweise hier den einige Jahre zuvor über der Sowjetunion abgeschossenen Hauptmann der US-Luftwaffe Francis Gary Power, der für die CIA geflogen war, gegen den in den USA verurteilten Ostspion Oberst Rudolf Abel aus. Am 10. November 1989 war die Brücke nach Jahrzehnten wieder für alle Bürger frei betretbar, bis dahin durften sie nur Angehörige der alliierten Besatzungsmächte passieren.

GRÜNES POTSDAM

Die reizvolle Parklandschaft und das viele Wasser wecken bei vielen Gästen das Umweltbewusstsein. So zahlen die meisten den freiwilligen Parkeintritt, damit das Grün gepflegt und erhalten werden kann. Die Potsdamer Restaurants leisten zunehmend auch ihren Beitrag, kochen immer mehr mit frischen regionalen Produkten und nutzen die einheimischen Ressourcen. Einige Bäckereien haben sich dem „Slowbaking", dem „Backen mit Zeit für Geschmack", verschrieben, sie verwenden ausschließlich Biomehl für Biobrot, Biobrötchen und Biokuchen. Markenzeichen der Slow-Bewegung ist eine stilisierte Schnecke.

KULTURERBE-SIEGEL

Die Villa Schöningen darf sich, wie auch die wenige Meter entfernte Glienicker Brücke und das Schloss Cecilienhof, mit dem Europäischen Kulturerbe-Siegel schmücken. Das Schild mit dem fünfzackigen Stern auf azurblauem Grund fällt auf. Dieses durften sich im Jahr 2011 zwölf zum Netzwerk „Eiserner Vorhang" gehörende Stätten anschrauben, die symbolisch für Entstehung, Existenz und Überwindung von Mauer und Stacheldraht stehen. Im Gegensatz zur Welterbeliste der Unesco geht es bei dieser Auszeichnung nicht um die ästhetische oder architektonische Qualität, sondern um die Bedeutung der Stätten, die sie für die Geschichte und den Aufbau der Europäischen Union spielen.

LUISE – KÖNIGIN DER HERZEN

Der Kult um Königin Luise (1776–1810) ist nicht nur in Potsdam groß. Die aus dem Hause Mecklenburg-Strelitz stammende Prinzessin wurde als Königin von Preußen zu einem europäischen Mythos weiblicher Schönheit, Klugheit und Warmherzigkeit hochstilisiert. Mit gerade 18 Jahren heiratete sie Friedrich Wilhelm III. und gebar ihm zehn Kinder. In Berlin hatte sie sich über alle Hofkonventionen hinweggesetzt und auf diese Weise die Herzen der einfachen Menschen gewonnen. Sie traf mit großen Männern ihrer Zeit zusammen, mit Goethe, Kleist, Humboldt, ebenso mit Zar Alexander, mit dem sie einen schwärmerischen Briefwechsel unterhielt, und mit Kaiser Napoleon. Bei einem Besuch ihres Vaters auf Schloss Hohenzieritz erkrankte sie. Als den König die Nachricht in Schloss Sanssouci erreichte, eilte er sofort mit seinen beiden Söhnen nach Mecklenburg. Am 19. Juli morgens gegen fünf Uhr traf er in Hohenzieritz ein, ein letztes Mal konnte er seine Luise in die Arme nehmen. Ihr Tod war die Geburtsstunde einer Legende der „Königin der Herzen", die in Bildern, Büsten und zahllosen Büchern überliefert ist.

MEDIENSTANDORT

Mehr als 5000 Menschen sind in der Medienwirtschaft tätig, denn Potsdam gehört zu den modernsten Standorten in Deutschland. Die Tradition begann nach 1911, als Babelsberg mit seinen Filmproduktionen zu Ruhm in Europa gelangte. Waren die Studios bis 1990 ausschließlich ein internationaler Produktionsstandort für den klassischen Kinofilm, so gehört heute eine florierende Multimediabranche dazu. In Babelsberg haben auch der Rundfunk Berlin-Brandenburg, das Studio Babelsberg

POTSDAM SPORTLICH

Wenn die 1. Mannschaft von Turbine Potsdam *(Tel. 0331 9 51 38 41 | www.turbine-potsdam.de)* im „Karli" aufläuft, wie man hier das Karl-Liebknecht-Stadion im Ortsteil Babelsberg nennt, dann sind die Ränge gefüllt und die Fans jubeln. Seit fast vier Jahrzehnten wird in Potsdam Frauenfußball gespielt, die 1. Mannschaft des FFC Turbine wurde mehrfach – so auch 2010, 2011 und 2012 – Deutscher Meister, UEFA-Cup-Sieger 2005, DFB-Pokal-Sieger 2004, 2005 sowie 2006 und gewann 2010 auch die erste Champions League des Frauenfußballs. Aber nicht nur der Frauenfußball liefert Schlagzeilen. Den Leistungssport in Potsdam prägen auch zahlreiche Weltmeister und Olympiasieger wie die Kanuten Sebastian Brendel, Franziska Weber und Katrin Wagner-Augustin. Zentrum ist der Sport- und Freizeitpark Luftschiffhafen mit dem Olympiastützpunkt Potsdam. Die Schwimmer trainieren in der Schwimmhalle des Sportgeländes, die Kanuten sind beim Training und bei Regatten auf der Havel und dem Templiner See zu erleben *(www.osp-brandenburg.de)*.

der Ufa-Produktionsgruppe sowie das Deutsche Rundfunkarchiv ihren Sitz, der Nachlassverwalter des Programm- und Pressearchivs des DDR-Fernsehens und -Hörfunks. Rund 500 Studenten sind an der Hochschule für Film und Fernsehen „Konrad Wolf" immatrikuliert.

PARK MIT EINTRITT?

Proteste entfachte der Vorschlag der Schlösserstiftung, das Betreten des Schlossparks Sanssouci kostenpflichtig zu machen, 2 Euro sollte jeder zur Hochsaison von Ostern bis Oktober entrichten oder eine Jahreskarte von 12 Euro erwerben. Zugleich sollte – um Kassenpersonal zu sparen – die Zahl der Parkeingänge von 25 auf elf reduziert werden. Von dem Eintritt versprach sich die Stiftung Einnahmen von bis zu 5 Mio. Euro im Jahr, die man in die Pflege der Parks investieren wollte. So fehlten gegenwärtig 31 Gärtner, weil kein Geld für sie vorhanden sei, sagt die Stiftung. Doch die Potsdamer gingen auf die Barrikaden, mit Erfolg. Die Stadt zahlt jährlich 1 Mio. Euro an die Stiftung, damit ist der Parkeintritt (vorerst) vom Tisch.

PROMISTADT

Zahlreiche Prominente haben Potsdam zum Wohnsitz gewählt, und die Stadt schmückt sich gern mit deren Namen – auch, weil sie sich für Potsdam engagieren. Fernsehmoderator Günther Jauch beispielsweise stiftete 3 Mio. Euro für das Fortunaportal des Stadtschlosses und der Software-Entwickler Hasso Plattner sogar 20 Mio. Euro für die Wiederherstellung der Fassade des Stadtschlosses. In den noblen Villen Potsdams wohnen auch Modedesigner Wolfgang Joop, die Verlegerwitwe Friede Springer, Springer-Chef Mathias Döpfner, der Fernsehjour-

BÜCHER & FILME

Königsblau, Rabenschwarz, Kristallklar, Nachtviolett – Das sind vier Buchtitel von 13 in der Serie der sogenannten „Preußenkrimis" von Tom Wolf, in denen sich fiktive Abenteuer mit historischen Fakten mischen. Honoré de Langustier, Hofküchenmeister aus dem Elsass in Diensten Friedrich II., klärt nebenbei Morde auf. Inzwischen wurden einige Bücher auch vertont und als Theaterstück aufgeführt

Sanssouci – Rätselhaft, spannend und oft bitterböse: Die ostdeutsche Provinzstadt Potsdam steht im Zentrum von Andreas Maiers 2009 erschienenen Roman um den Filmregisseur Max Hornung

Potsdam wiederentdeckt – 15 historische Filme mit bisher unveröffentlichten Aufnahmen auf zwei DVDs, entstanden zwischen 1910 und 1986, bieten eine Reise durch die Geschichte der Film- und Medienstadt. Zu bestellen unter *www.historische-filmschaetze.de*

Die Welle – Eine Projektwoche in der Schule zum Thema „Staatsformen" gerät komplett außer Kontrolle. Wichtige Szenen dieses durchaus umstrittenen Films von 2008 unter der Regie von Dennis Gansel wurden in Potsdam gedreht, u. a. in der Speicherstadt und um die Nikolaikirche. In den Hauptrollen Jürgen Vogel und Christiane Paul

Wie auch die Alexander-Newski-Kirche stehen über 150 Bauwerke Potsdams unter Unescoschutz

nalist Ulrich Meyer und die Schauspielerin Nadja Uhl.

STATISTISCHES

Potsdam, Hauptstadt des Bundeslands Brandenburg, besitzt rund 159 000 Einwohner, die Fläche beträgt 187,5 km^2. Oberbürgermeister ist Jann Jakobs (SPD), die Linke mit 17 Abgeordneten die stärkste Fraktion, gefolgt von der der SPD mit 15. Höchste Erhebungen sind die Ravensberge mit 116 m, der Telegrafenberg mit 80 m und der Pfingstberg mit 76 m. Potsdam ist nicht nur eine Stadt der Kultur, sondern auch eine Stadt der Wissenschaft und Forschung. Mehr als 30 wissenschaftliche Einrichtungen sind in der Stadt und ihrem unmittelbaren Umland tätig. Neben den drei Hochschulen haben sich das Hasso-Plattner-Institut für Softwaresystemtechnik sowie die Forschungsstelle des Alfred-Wegener-Instituts für Polar- und Meeresforschung überregionalen Ruf erworben.

UNESCO-WELTERBE

Das in Jahrhunderten längs der Havel entstandene Gesamtkunstwerk aus Schlössern und Gärten hat die Unesco auf die Welterbeliste gesetzt. Der Ensemble-Charakter, wie es in der Begründung heißt, ist die Besonderheit dieser Anlagen. Die Parks Sanssouci, Neuer Garten und Babelsberg, Schloss und Park Sacrow mit der Heilandskirche sowie die zu Berlin gehörende Pfaueninsel und Glienicke mit seinen Schlössern wurden 1990 unter den Schutz der Unesco gestellt. Im Jahr 1999 kamen weitere 14 Denkmalbereiche hinzu, darunter die Russische Kolonie Alexandrowka und der Pfingstberg mit dem Belvedere.

SEHENSWERTES

WOHIN ZUERST?
Ins **Holländische Viertel (119 E2)** *(🗺 G5)*. Am besten nehmen Sie vom Hauptbahnhof die Schlösserlinie 695 und fahren nach einem ersten Eindruck weiter zum Schloss Sanssouci. Das Auto können Sie in einem der beiden Bahnhofspassagen-Parkhäuser abstellen oder Sie fahren zur Tiefgarage Luisenplatz, von der Sie in 5 Min. den Park Sanssouci erreichen.

Für Potsdam sollten Sie sich genügend Zeit nehmen! Die Innenstadt von Brandenburgs Landeshauptstadt, klein und überschaubar, haben Sie rasch erlaufen. Aber in der Havelstadt gibt es auch außerhalb des Zentrums viel Interessantes zu entdecken.

Die einstige Zweitresidenz der Hohenzollernkönige schmückt sich mit einem der größten Park- und Schlossensembles Europas. Den besten Überblick bietet eine Stadtrundfahrt mit dem Bus. Spannend ist Sightseeing auch vom Wasser aus, schließlich ist Potsdam von Seen umkränzt. Kilometerlange Wege führen in den drei großen Parks zu herrlichen Schlössern, deren Türen sich zu prunkvollen Räumen öffnen. Achtung: Wegen anstehender Sanierungsarbeiten kann es zu vorübergehenden Schließungen von einzelnen Einrichtungen kommen.

Wenn Sie nur für einen Tag in der Stadt sind, dann entgeht Ihnen vermutlich vie-

 Bild: Marmorpalais

Parks, Schlösser und viel Kunst: Berühmte Baumeister, Landschaftsgestalter und Bildhauer haben Meisterhaftes geschaffen

les – darunter auch die reizvolle Umgebung. Aber seien Sie gewiss: Potsdam ist immer eine zweite Reise wert.

ZENTRUM

(119 D–F 1–3) (*🕮 F–G 4–6*) **Großartige Kirchen und Bürgerhäuser prägen Potsdams City, dazwischen stehen aber auch Architektursünden der DDR-Zeit.**
Einige davon sind bereits verschwunden, die Potsdamer haben vielen Ecken wieder zur Schönheit von einst verholfen, so dem *Neuen Markt*. Der *Alte Markt* bekam mit dem Wiederaufbau des *Stadtschlosses* sein altes Aussehen zurück und wird erneut das, was er früher war: das baukünstlerische Zentrum von Potsdam.
Die *Brandenburger Straße* mit ihren barocken Bauten avancierte längst wieder zur Shoppingmeile der City, und das *Holländische Viertel* war vermutlich nie so voller Leben wie heute. Kneipen, Cafés und Geschäfte in Hülle und Fülle und Gäste aus aller Welt! Die Wege sind in Branden-

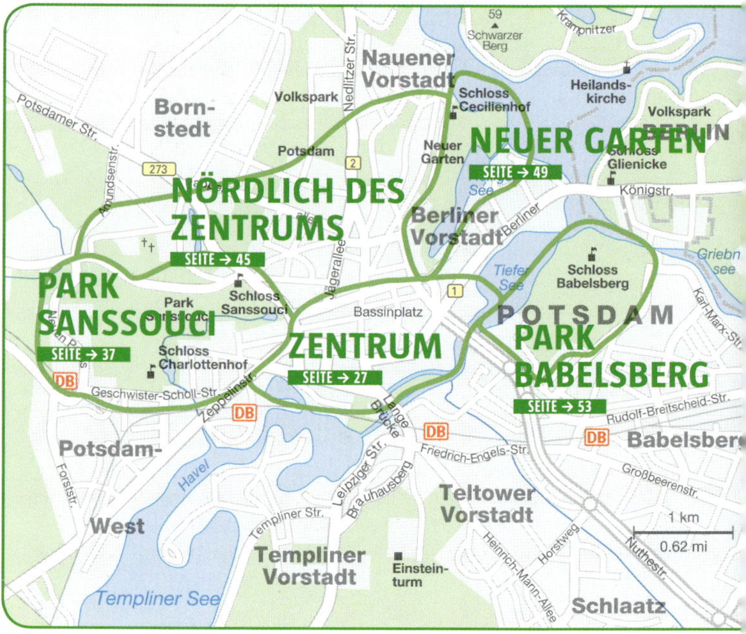

Die Karte zeigt die Einteilung der interessantesten Stadtviertel. Bei jedem Viertel finden Sie eine Detailkarte, in der alle beschriebenen Sehenswürdigkeiten mit einer Nummer verzeichnet sind

burgs kleiner Landeshauptstadt kurz, das Auto ist nur hinderlich, am besten, Sie lassen es stehen.

1 ALTER MARKT (119 E3) (*🗺 G6*)
Der Alte Markt erstrahlt wieder in altem Glanz, das *Stadtschloss* (s. S. 36) mit der historischen Fassade ist seit 2014 das Domizil des Landtags Brandenburg. Der festliche Eingang zum Schloss, das *Fortunaportal*, kündigte bereits seit 2002 den Wiederaufbau an. Der zum Schloss gehörende *Lustgarten* war mehrmals umgestaltet worden. Anhand von 300 Jahre alten Zeichnungen wurde nun der sogenannte *Neue Lustgarten* geschaffen. Die *Nikolaikirche* (s. S. 35), ein bedeutendes Bauwerk des Klassizismus, wurde nach Zerstörung im Zweiten Weltkrieg bis 1981 wieder aufgebaut und geweiht. Das *Alte Rathaus* (s. S. 29) an der Ostseite ist mit dem benachbarten, ebenfalls rekonstruierten *Knobelsdorffhaus* durch einen Zwischentrakt verbunden, der das im Zweiten Weltkrieg zerstörte Haus des Bäckermeisters Windelband ersetzt.
Den 20 m hohen *Obelisken* schuf von Knobelsdorff. Den Schaft zierten einst vier Bildnismedaillons von Kurfürsten und Königen. 1978/79 wurde der baufällige Obelisk neu aufgebaut, statt der Hohenzollernbildnisse bekam er die von prominenten Potsdamer Baumeistern: von Knobelsdorff, Gontard, Schinkel, Persius. *Straßenbahn 91, 92, 93, 96, 99 | Bus 695*

2 ALTES RATHAUS/POTSDAM MUSEUM (119 D–E3) (*🕮 G6*)

1755 war das Bauwerk mit der den Turm krönenden Atlasfigur fertig. 21 Jahre später erlebten die Potsdamer eine böse Überraschung: Der große, fast 6 t schwere und nur ungenügend verankerte Atlas stürzte auf die Straße. Man hievte eine neue Plastik nach oben, diesmal aus Kupfer getrieben und vergoldet. Die leuchtet noch heute in der Sonne.

In das unlängst sanierte Gebäude sowie in das benachbarte *Knobelsdorffhaus* zog das *Potsdam Museum*, das damit an jenen Ort zurückkehrte, an dem es vor mehr als 100 Jahren gegründet wurde. Im Herbst 2013 öffnete die Dauerausstellung „Potsdam. Eine Stadt macht Geschichte", die zu einer Entdeckungsreise durch 1000 Jahre Potsdamer Stadtgeschichte einlädt. Rund 500 Objekte veranschaulichen in elf Themenkomplexen, welche Personen, Entwicklungen und Beziehungen Potsdam seit seiner Ersterwähnung 993 bis heute prägten.

Das kleine Museumscafé *Café-Art* im Sockelgeschoss bietet Kuchen, Salate und Kaffeespezialitäten. *Di/Mi, Fr 10–17, Do 10–19, Sa/So 10–18 Uhr | Am Alten Markt 9 | Straßenbahn 91, 92, 93, 96, 98, 99 | Bus 695*

3 BRANDENBURGER TOR (119 D2–3) (*🕮 F5*)

Das römischen Triumphbogen ähnelnde, 1770 erbaute Tor am westlichen Ende der Brandenburger Straße hat zwei Baumeister und deshalb auch zwei Gesichter. Carl von Gontard entwarf im Auftrag von Friedrich II. die Stadtseite, sein Schüler Georg Christian Unger die Feldseite. Die beiden seitlichen Durchgänge für Fußgänger gibt es erst seit 1843. *Luisenplatz | Straßenbahn 91, 94, 98 | Bus 695*

MARCO POLO HIGHLIGHTS

★ **Park Sanssouci**
Potsdams größter Besuchermagnet → S. 37

★ **Neues Palais**
Mehr als 200 Repräsentations- und Wohnräume → S. 40

★ **Schloss Sanssouci**
Das berühmte Sommerschloss Friedrichs II. auf dem Weinberg → S. 43

★ **Marmorpalais**
Lieblingsschloss von Friedrich Wilhelm II. mit orientalischem Zeltzimmer → S. 50

★ **Schloss Cecilienhof**
Hier besiegelten Truman, Attlee und Stalin die Teilung Deutschlands → S. 51

★ **Holländisches Viertel**
„Klein-Amsterdam" für holländische Handwerker mit vielen kleinen Läden → S. 33

★ **Biosphäre Potsdam**
Tropengarten mit heißer Dschungelatmosphäre → S. 46

★ **Krongut Bornstedt**
Regionale Produkte zum Verzehren und Verschenken → S. 47

★ **Russische Kolonie Alexandrowka**
Ein russisches Dorf mitten in Potsdam → S. 49

★ **Filmpark Babelsberg**
Einst Europas größte Traumfabrik, heute ein Erlebnispark mit Liveshows und 4-D-Actionkino → S. 57

Filmmuseum: viele Kinorelikte und eine 4 m hohe „Starskulptur"

4 DAMPFMASCHINENHAUS
(119 D3) (*🗺 E6*)

Was wie eine maurische Moschee mit Minarett aussieht, entstand vor rund 150 Jahren als Pumpwerk für die Fontänen der Gartenanlagen von Sanssouci. Denn im 19. Jh. war es en vogue, sich an Stilen vergangener Epochen und ferner Länder zu orientieren. Seit 1985 ist das Dampfmaschinenhaus an der Neustädter Havelbucht ein technisches Museum. Herzstück bildet die in der berühmten Werkstatt von August Borsig gebaute 80-PS-Zweizylinderdampfmaschine, die bis zum Jahr 1893 in Betrieb war. Sie pumpte stündlich 220 m^3 Wasser zu dem 1500 m entfernten Hochbehälter auf dem Ruinenberg. Die Ornamente der gusseisernen Teile der Maschinenanlage ähneln denen der Kathedrale im spanischen Córdoba. *Mai–Okt. Sa/So 10–18 Uhr, nur mit Führung | Breite Str. 28 | Straßenbahn 91, 94, 98*

5 DORTUSTRASSE
(119 E2–3) (*🗺 F5–6*)

Prachtvoll präsentiert sich in der Dortustraße die Nr. 36: das ehemalige Militärwaisenhaus. Nicht minder eindrucksvoll sind die Bauten Nr. 30–34, errichtet für den Rechnungshof des Deutschen Reichs. Die Häuser Nr. 26–29 hat Georg Christian Unger Ende des 19. Jhs. entworfen. An der Ecke zur Yorckstraße befindet sich seit 1991 die Nachbildung des Glockenspiels der früher in der Nähe stehenden Hof- und Garnisonkirche. Im Zweiten Weltkrieg zerstört und später gesprengt soll die bedeutende barocke Kirche nun – finanziert durch Spendengelder – wieder aufgebaut werden. Das Glockenspiel bekommt dann seinen endgültigen Platz auf dem Turm.
Die Straße trägt den Namen des wegen seiner Teilnahme an der Revolution 1848 hingerichteten Max Dortu. An seinem Geburtshaus Nr. 28 steht eine Gedenktafel. *Straßenbahn 91, 94, 98 | Bus 605, 606, 612, 614, 631*

6 FILMMUSEUM (119 E3) (*🗺 G6*)

„Traumfabrik – 100 Jahre Film in Babelsberg" nennt sich die Dauerausstellung zur Geschichte der Filmstadt. In den Babelsberger Ufa- (ab 1921) und Defa-Ateliers (ab 1946) standen berühm-

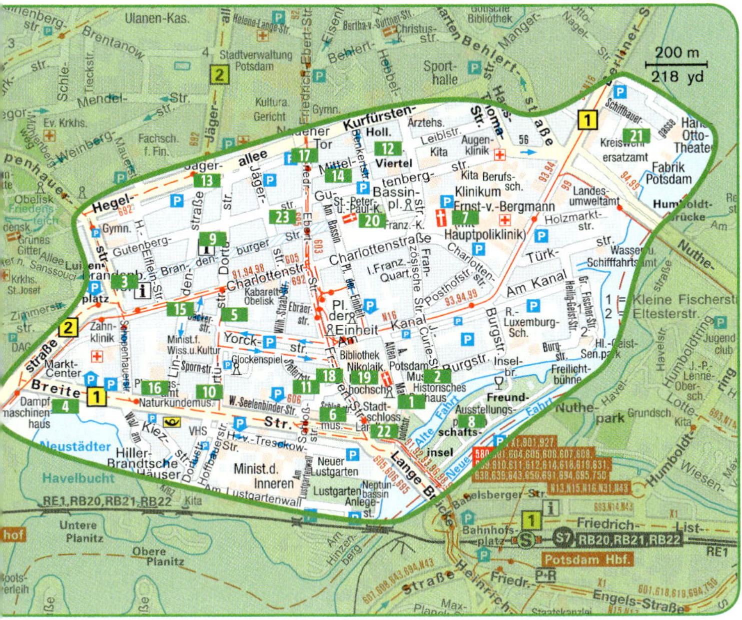

SEHENSWERTES IM ZENTRUM

- **1** Alter Markt
- **2** Altes Rathaus/Potsdam Museum
- **3** Brandenburger Tor
- **4** Dampfmaschinenhaus
- **5** Dortustraße
- **6** Filmmuseum
- **7** Französische Kirche
- **8** Freundschaftsinsel
- **9** Gedenkstätte Lindenstraße 54
- **10** Großes Militärwaisenhaus
- **11** Haus der Brandenburgisch-Preußischen Geschichte
- **12** Holländisches Viertel
- **13** Jägertor
- **14** Jan-Bouman-Haus
- **15** Lindenstraße
- **16** Naturkundemuseum
- Fußgängerzone
- **17** Nauener Tor
- **18** Neuer Markt
- **19** Nikolaikirche
- **20** Peter-Pauls-Kirche
- **21** Schiffbauergasse
- **22** Stadtschloss/Landtag
- **23** Zweite Neustadt

te Schauspieler wie Marlene Dietrich, Paul Wegener, Manfred Krug und Armin Mueller-Stahl vor den Kameras. Hier wurden legendäre Filme wie „Die Feuerzangenbowle“ mit Heinz Rühmann, „Die Mörder sind unter uns“ mit Hildegard Knef und in jüngerer Zeit die beiden Oscar-prämierten Streifen „Der Pianist“ von Roman Polanski und „Die Fälscher“ von Stefan Ruzowitzky gedreht. Im Mittelpunkt der Ausstellung steht die Herstellung eines Films. Zu sehen sind wertvolle Originalexponate der Filmgeschichte. Interaktive Module laden zum Mitmachen ein, so kann man mit Zarah Leander singen oder beim Casting anstelle von Angelika Domröse agieren.

Zum Museum gehört ein hauseigenes *Kino*, in dem internationale Filmklassiker gezeigt werden. Etwas Besonderes sind die Stummfilmvorführungen in Begleitung der INSIDERTIPP Welte-Kino-

orgel, auf der Geräusch- und Instrumentenimitationen entstehen.
Das Museum hat sein Domizil im einstigen *Marstall,* einem lang gestreckten, rotbraunen Bau, der 1686 als Orangerie entstanden war. Die Pferde- und Reitergruppen aus Sandstein von Friedrich Christian Glume auf den Attiken erinnern an den einstigen königlichen Reitstall. Marstall und Schloss waren durch die sogenannte *Ringerkolonnade* verbunden, deren Reste unterhalb des Hotels Mercure im wieder entstandenen *Lustgarten* aufgestellt wurden. *Di–So 10–18 Uhr | Breite Str. 1a | im Marstall | www.filmmuseum-potsdam.de | Straßenbahn 91, 92, 93, 96, 99, 98 | Bus 695*

7 FRANZÖSISCHE KIRCHE (119 F2) (*G5*)

Die Kirche ließ Friedrich der Große für die Französische Kolonie in Potsdam errichten. Den Entwurf dafür lieferte Georg Wenzeslaus von Knobelsdorff. *April–Okt. tgl. 13.30–17 Uhr | Bassinplatz | Straßenbahn 92, 96*

8 FREUNDSCHAFTSINSEL (119 E–F3) (*G6*)

Mehr als 35 000 Blumenzwiebeln und 100 000 Staudenpflanzen, die anlässlich der Buga gepflanzt wurden, blühen im Sommer auf der Freundschaftsinsel, die unmittelbar an der Langen Brücke zwischen der *Neuen* und der *Alten Fahrt* der Havel liegt. *Straßenbahn 91, 92, 93, 96, 99, 98 | Bus 695*

9 GEDENKSTÄTTE LINDENSTRASSE 54 (119 D2) (*F5*)

Im Zweiten Weltkrieg schleppten die Nazis politische Gefangene in das Haus, danach quälten hier der sowjetische Geheimdienst NKWD und ab 1952 die Staatssicherheit der DDR unzählige Menschen. Zu sehen sind der Zellentrakt, die Gefängnishöfe und eine Ausstellung zur Geschichte der politischen

Ein Schritt in die Vergangenheit: Gedenkstätte Lindenstraße

Justiz. *März–Okt. Di–So 10–18, Nov.–Feb. Di–So 10–17 Uhr | Lindenstr. 54 | www.gedenkstaette-lindenstrasse.de | Straßenbahn 91, 94, 98 | Bus 605, 692*

10 GROSSES MILITÄRWAISENHAUS
(119 E3) *(🕮 F6)*

Man meint, einen königlichen Palast vor sich zu haben, steht aber vor einer karitativen Einrichtung besonderer Art. In dem Gebäude wurden uneheliche Soldatenkinder erzogen, die unter elenden Bedingungen bis zu 35 Stunden in der Woche in Manufakturen arbeiten mussten. Von der 1945 weitgehend zerstörten Anlage sind noch zwei Flügel erhalten. *Breite Str. 9a/Dortustraße | Bus 695*

11 HAUS DER BRANDENBURGISCH-PREUSSISCHEN GESCHICHTE
(119 E3) *(🕮 F6)*

Die ständige Ausstellung unternimmt eine erlebnisreiche Reise durch 900 Jahre Landesgeschichte. Rund 400 Originalobjekte sowie Fotos, Filme und interaktive Multimediastationen erzählen in neun Kapiteln von der bewegten und bewegenden Vergangenheit Brandenburg-Preußens. *Di–Do 10–17, Fr–So 10–18 Uhr | Am Neuen Markt 9 | im Kutschstall | www.hbpg.de | Straßenbahn 91, 92, 93, 96, 98, 99 | Bus 695*

12 HOLLÄNDISCHES VIERTEL ★ ●
(119 E2) *(🕮 G5)*

Ein holländisches Idyll mitten in Potsdam, salopp auch „Klein-Amsterdam" genannt. 1734 wurde das Architektur-Ensemble für holländische Kolonisten begonnen, 1742 war es fertig. Insgesamt entstanden in vier Karrees unter Leitung des Holländers Johann Boumann 59 Giebel- und 75 Traufenhäuser mit hübschen Vorgärten. Nach Holländern braucht man nicht Ausschau zu halten, denn der letzte verschwand schon 1928. An des

Das Jägertor – ursprünglich Teil der Stadtmauer

sen Heimat erinnert auch die ebenfalls aus rotem Backstein errichtete westliche Häuserfront der nahen Straße Am Bassin, die rund 40 Jahre nach „Klein-Amsterdam" entstand. *www.hollaendisches-viertel-potsdam.de | Straßenbahn 92, 96*

13 JÄGERTOR (119 D–E2) *(🕮 F5)*

Das bescheidene Tor von 1733 ist das älteste Potsdams. Bis heute wird gerätselt, wer die Jagdszene aus Sandstein auf der Attika geschaffen haben könnte. *Hegelallee | Straßenbahn 92, 96 | Bus 692*

14 JAN-BOUMAN-HAUS
(119 E2) *(🕮 G5)*

Das 1735 erbaute Holländerhaus wurde originalgetreu restauriert und zum Museum für das Holländische Viertel. Sie bekommen hier einen Eindruck von der Innenarchitektur holländischer Häuser des 18. Jhs. *Mo–Fr 13–18, Sa/So 11–18 Uhr | Mittelstr. 8 | www.jan-bouman-haus.de | Straßenbahn 92, 96*

Von Schinkels Kuppel der Nikolaikirche haben Sie einen 360°-Panoramablick

15 LINDENSTRASSE
(119 D2–3) (*F5–6*)

Fast noch vollständig erhalten ist die Bebauung aus der zweiten barocken Stadterweiterung, entstanden 1734–38 als zweigeschossige Typenbauten. Die Einheitlichkeit ging jedoch durch Um- und Anbauten vielfach verloren. Haus Nr. 25 war Lazarett des Regiments der Leibgarde, zwei Sandsteinfiguren mit Szenen der Krankenpflege verweisen auf die einstige Bestimmung. Die Häuser Nr. 28, 29 und 35–39 dienten als Kaserne. Im Haus Nr. 44 wohnten die Gebrüder Räntz, Bildhauer aus Bayreuth. Sie haben den reichen Figurenschmuck am Neuen Palais und den Communs mitgeschaffen. Offensichtlich blieb den beiden noch genügend Zeit für die reiche Bauornamentik ihres Hauses. Im Haus Nr. 54 befand sich zu DDR-Zeiten die Untersuchungshaftanstalt der Potsdamer Staatssicherheit, mit bitterem Zynismus „Lindenhotel" genannt, zugänglich heute als *Gedenkstätte Lindenstraße 54* (s. S. 32). *Straßenbahn 91, 94, 98 | Bus 605*

16 NATURKUNDEMUSEUM
(119 E3) (*F6*)

Die 1,5 m große INSIDER TIPP Welsdame „Weline" ist der Star im Naturkundemuseum. Dort schwimmt sie in einem der 22 Süßwasseraquarien, in denen sich fast 40 einheimische Fischarten tummeln. Im Museum können Sie einen Spaziergang durch die Tierwelt Brandenburgs unternehmen. Zusätzlich zu den beiden Dauerausstellungen finden hier auch interessante Sonderausstellungen statt. Untergebracht ist die Sammlung im historischen *Ständehaus* des einstigen havelländisch-zauchischen Kreises, einem der schönsten Gebäude der Stadt. *Di–So 9–17 Uhr sowie jeden 1. Mo im Monat 9–18 Uhr | Breite Str. 13 | www.naturkundemuseum-potsdam.de | Straßenbahn 92, 94, 96 | Bus 605*

17 NAUENER TOR (119 E2) (*F5*)

Friedrich II. lieferte Johann Gottfried Büring 1755 die Skizze für das Tor, das etwa hundert Jahre später unter dem Einfluss der englischen Neugotik verändert wurde. Es ist vermutlich das früheste Bauwerk dieser Art auf dem europäischen Kontinent und heute ein guter Ausgangspunkt für einen Spaziergang durchs Holländische Viertel. *Friedrich-Ebert-Straße/Hegelallee | Straßenbahn 92, 96*

18 NEUER MARKT (119 E3) (*F6*)

Der im 17. Jh. planmäßig angelegte Platz wurde wieder schön hergerichtet. Auch das Haus Nr. 1, in dem 1767 vermutlich Wilhelm von Humboldt geboren wurde und in dem der spätere König Friedrich Wilhelm II. wohnte. 1770 kam hier Friedrich Wilhelm III. zur Welt, der als Einziger aus dem Hause Hohenzollern Potsdam als Geburtsort angeben konnte. 1833 zog dort das königliche Kabinett ein – daher die Bezeichnung *Kabinetthaus*.

Hofzimmermeister Johann Georg Brendel, der an bekannten Bauwerken in und um Potsdam mitgewirkt hatte, lebte um 1770 im Haus Nr. 2. Seine Initialen „J. G. B." sind auch heute noch im schmiedeeisernen Rokokogeländer der Freitreppe zu sehen. Das Haus in der Platzmitte – heute ein Restaurant – war die städtische *Ratswaage*. Den triumphbogenähnlichen Eingang zum ehemaligen *Königlichen Kutschstall* bekrönt eine Quadriga. Modell für den Wagenlenker soll der Leibkutscher Friedrichs II., Johann Georg Pfund, gestanden haben. Im Kutschstall ist das *Haus der Brandenburgisch-Preußischen Geschichte* untergebracht. *Straßenbahn 91, 92, 93, 96, 99, 98 | Bus 695*

19 NIKOLAIKIRCHE (119 E3) (*G6*)

Die Idee für den Bau mit der mächtigen Kuppel, der den Alten Markt beherrscht, lieferte der spätere König Friedrich Wilhelm IV. Die Pläne stammen von Karl Friedrich Schinkel, der weitgehend auch die Innenausstattung besorgte. Sie können die INSIDER TIPP *Panorama-Aussichtsplattform* in 42 m unter der Kuppel besteigen, von der Sie einen weiten Blick über Potsdam haben. *Mo–Sa 10–17, So 11.30–17 Uhr | Am Alten Markt | www.nikolai-potsdam.de | Straßenbahn 91, 92, 93, 96, 98, 99 | Bus 695*

20 PETER-PAULS-KIRCHE (119 E2) (*G5*)

Die 1870 fertiggestellte katholische Kirche gilt als typisches Beispiel für den Historismus, der hier byzantinische und romanische Stilelemente in den Bau einfließen ließ. *Mo–Sa 10–17, So 12–17 Uhr | Am Bassin 2 | Straßenbahn 92, 96*

21 SCHIFFBAUERGASSE (120 A2) (*H5*)

Direkt am Ufer der Havel, gegenüber dem Babelsberger Park, entstand der modernste Kultur- und Gewerbestandort der Region. Hier vereinen sich Kunst und Kultur mit Hightechunternehmen zu einer einzigartigen Mischung. Das neue *Hans-Otto-Theater* mit seinen modernen roten Betonlamellen bildet den Blickfang, das *Waschhaus* mit einem vielseitigen Kunstprogramm hat sich hier bereits seit Jahren fest etabliert, das Internationale Zentrum für Tanz- und Bewegungskunst *Fabrik* ist zugezogen wie auch *Volkswagen, Oracle* und andere.

Werke von Avantgardekünstlern wie Wolf Vostell sind im *Museum Fluxus + (Mi–So 13–18 Uhr | www.fluxus-plus.de)* zu erleben. Toll ist die Aussicht auf die Havel im *Museumscafé,* wo jeden Sonntagnachmittag zur Tea-Time mit Tee/Kaffee und

Sobald die Sonne scheint, wird in der Zweiten Neustadt draußen aufgetischt

Kuchen leichte, live gespielte Klaviermusik erklingt
Auf dem 120 000 m² großen Gelände baute man vor rund 200 Jahren Dampfschiffe, nach dem Zweiten Weltkrieg wurde es zum militärischen Sperrgebiet, das die letzten Soldaten und Offiziere 1994 verließen. In den vergangenen Jahren hat man die denkmalgeschützten *Reithallen*, die *Garnisonswäscherei*, die *Zichorienmühle* und weitere Bauten saniert, andere wie das Theater neu errichtet. Neu ist auch der *Uferpark* mit Schiffsanleger und Marina. *www.schiffbauergasse.de | Straßenbahn 93, 94, 99*

22 STADTSCHLOSS/LANDTAG

(119 E13) (*G6*)

Potsdam hat seine historische Mitte wieder, der Wiederaufbau des Stadtschlosses als modernes Landtagsgebäude im historischen Gewand ist abgeschlossen, im Januar 2014 haben die Abgeordneten Brandenburgs ihre Büros bezogen. Barocke Pracht verströmt die nachgebaute Knobelsdorff-Fassade, im modernen Inneren dominiert dagegen schlichte Sachlichkeit in Weiß mit roten Farbtupfern. *Innenhof (tgl. 8–20 Uhr), Treppenhaus, Foyer (Mo–Fr 8–18 Uhr)* und INSIDER TIPP *Dachterrasse (Mo–Fr 8–10, 13–18 Uhr)* öffentlich zugänglich. *Fr 15, 16 und 17 Uhr kostenlose Führungen (1 Std.), Online-Anmeldung (bis 3 Monate im Voraus) erforderlich unter www.landtag.brandenburg.de | Alter Markt 1 | Straßenbahn 91, 92, 93, 96, 98, 99 | Bus 695*

23 ZWEITE NEUSTADT

(119 D–F2) (*F–G5*)

Auf dem Reißbrett wurden 21 Karrees abgesteckt und innerhalb von nur zehn

Jahren planmäßig 584 Häuser erbaut. Friedrich Wilhelm I. hatte 1732 den Befehl zu dieser zweiten barocken Stadterweiterung gegeben, kurz „Zweite Neustadt" genannt, denn der Soldatenkönig brauchte Quartiere für seine Soldaten. Die Ledigen mussten in den noch heute vielfach vorhandenen, in der Mittelachse ausgebauten Giebelstuben unterkommen. Der plastische Schmuck zahlreicher Häuser weist auf die einstigen Besitzer hin. Glanzpunkt der Zweiten Neustadt, die am Brandenburger Tor beginnt, ist das aus vier Karrees bestehende *Holländische Viertel* (s. S. 33) am anderen Ende. *Straßenbahn 92, 96*

PARK SANSSOUCI

(122–123) *(C–E 5–6)* **Wer nach Potsdam kommt, eilt in den meisten Fällen zuerst zum ★ Park Sanssouci.**

Das weltberühmte dortige Schloss samt der Parkanlagen nicht besucht zu haben bedeutet für viele, nicht in Potsdam gewesen zu sein. Vom Eingang am *Grünen Gitter* (1850) halten Sie sich nördlich. Ist die *Große Fontäne* erreicht, sehen Sie das weltbekannte Ziel aller Besucher: das auf dem Weinberg stehende *Schloss Sanssouci*. Doch der Park, Potsdams Hauptanziehungspunkt, birgt weit mehr als nur das Sommerdomizil von Friedrich II. Dutzende von Bauwerken, Fontänen und Skulpturen sind hier versammelt, Natur, Schlösser und kleinere Bauten vereinen sich zu einem einzigartigen Kunstwerk.

In der von Peter Joseph Lenné gestalteten, 2,9 km^2 großen Parkanlage ist die 2,5 km lange Hauptallee, die sich zu Rondellen mit Fontänen und Skulpturen weitet und alle Parkbereiche zusammenfasst, das zentrale Element. *www.spsg.de*

1 BILDERGALERIE ● (123 F3) *(E5)*

Friedrich II. hatte in Europa Bilder einkaufen lassen, doch als er sie in der *Kleinen Galerie* in Schloss Sanssouci aufhängen wollte, stellte er fest: Das Schloss ist zu klein. So entstand östlich hiervon in der Nachbarschaft die Bildergalerie – das in Europa erste außerhalb eines Schlosses befindliche Gebäude zur Aufbewahrung einer Gemäldesammlung. Der langgestreckte Bau (1755–63) lässt von außen den prachtvollen Innenraum nicht erahnen, der zu den schönsten Museumsräumen Deutschlands gehört. In ihm hängen wie zu Zeiten Friedrichs II. 134 Gemälde in dichter Reihung übereinander.

Im westlichen Flügel befinden sich die Werke flämischer und holländischer Meister, im Ostflügel hängen die Gemälde italienischer und französischer Künstler, im Kuppelbau und im kleinen Kabinett Bilder von Künstlern verschiedener Schulen. Glanzpunkt der Gemäldegalerie ist „Der ungläubige Thomas" des Italieners Caravaggio. Potsdam besitzt das Original des weltbekannten Bilds, von dem es viele Kopien gibt. Nicht minder wertvoll sind „Die vier Evangelisten" von Peter Paul Rubens, die seit 1763 in der Galerie hängen, sowie Anton van Dycks „Pfingsten". *Mai–Okt. Di–So 10–18 Uhr | Park Sansscouci | Bus 695, X15*

2 BOTANISCHER GARTEN (122 C3) *(D5)*

Ein faszinierendes Museum der Natur am Rand vom Park Sanssouci! Im *Nutzpflanzenhaus* wächst die Papyrusstaude, aus deren Stängelmark die Ägypter vor 5000 Jahren Papier hergestellt haben. Der auf Java beheimatete Riesenbambus im Palmenhaus kann am Tag bis zu einem halben Meter in die Höhe schießen. Magische Anziehungskraft auf Besucher haben die Früchte der riesigen

Bananenstauden. Es lohnt aber nicht, in einem unbeaufsichtigten Moment danach zu greifen – sie sind ungenießbar, im Inneren fast völlig von Samen ausgefüllt. Interessant ist auch das *Sukkulentenhaus,* in dem 400 verschiedene Kakteenarten kultiviert werden.

Insgesamt sind in den Schauhäusern rund 4000 tropische und subtropische Pflanzen zu sehen, im denkmalgeschützten *Palmenhaus* wachsen etwa 20 verschiedene Palmenarten aus allen Kontinenten. Und in den Freilandanlagen gedeihen nochmals rund 5000 Pflanzenarten.

Eine wahre Augenweide bietet der INSIDER TIPP Rhododendronhang: Die Blütezeit dauert von März bis Mitte Juni. Der heute zur Universität Potsdam gehörende Botanische Garten ging aus dem „Terrassenquartier" der Hofgärtnerei von Sanssouci hervor. *Gewächshäuser: April–Sept. tgl. 9.30–17, Okt.–März 9.30–16 Uhr, Freilandanlagen: ganzjährig ab 8 Uhr bis Sonnenuntergang | Maulbeerallee 2 | www.botanischer-garten-potsdam.de | Bus 695*

3 CHINESISCHES HAUS (123 D4) (*🕮 D5*)

Das Chinesische Haus (1754–1857) schmücken vergoldete, lebensgroße Chinesenfiguren – Meisterstücke des friderizianischen Rokoko. Wer genau hinschaut, wird aber feststellen, dass es sich nicht um Chinesen, sondern um theatralisch verkleidete, langnasige Europäer handelt. Im Inneren des prachtvollen Hauses wird japanisches und chinesisches Porzellan gezeigt. Zu den ältesten Stücken gehört eine Schale mit blauer Unterglasmalerei aus der späten Ming-Dynastie (16./17. Jh.), zu sehen im untersten Fach des linken Kabinetts. Der freundlich lächelnde Dickbauchbuddha in der Etagère I wurde 1762 in der berühmten Meißner Porzellanmanufaktur gefertigt. *Mai–Okt. Di–So 10–18 Uhr | Park Sanssouci | Straßenbahn 91, 94 | Bus 605, 606*

4 FRIEDENSKIRCHE (123 F4) (*🕮 E5*)

Aufgrund seiner Vorliebe für italienische Architektur ließ Friedrich Wilhelm IV. die Friedenskirche (1844–54) nach dem Vorbild der römischen Basilika San Clemente

Draußen leuchten die Krokusse, drinnen byzantinische Mosaike: Friedenskirche

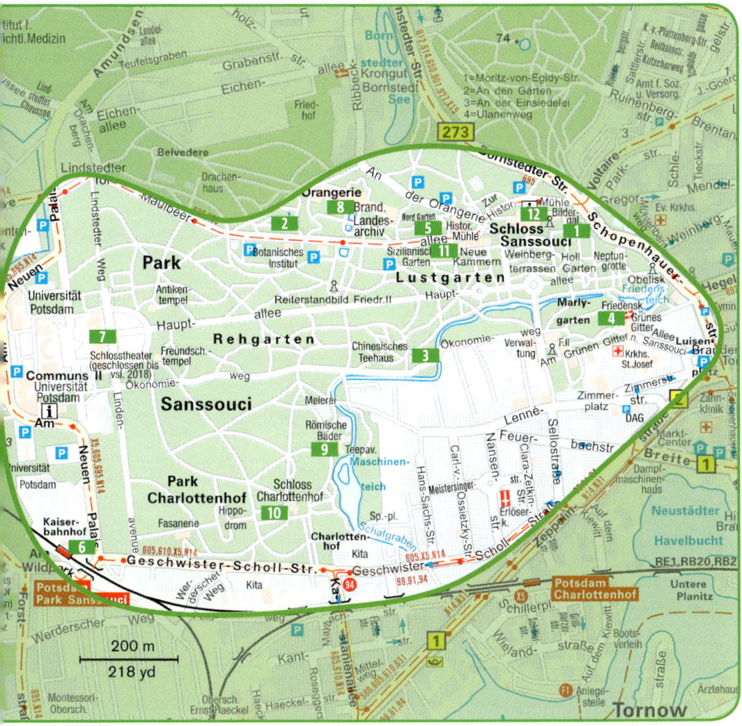

SEHENSWERTES IM PARK SANSSOUCI

- **1** Bildergalerie
- **2** Botanischer Garten
- **3** Chinesisches Haus
- **4** Friedenskirche
- **5** Historische Mühle
- **6** Kaiserbahnhof
- **7** Neues Palais
- **8** Orangerieschloss
- **9** Römische Bäder
- **10** Schloss Charlottenhof
- **11** Schloss Neue Kammern
- **12** Schloss Sanssouci

erbauen. Für den Glockenturm daneben stand der Campanile von Santa Maria di Cosmedin in Rom Pate. Das schöne, 900 Jahre alte Mosaik in der Apsis stammt von der Insel Murano bei Venedig. Es ist neben einem ravennatischen Mosaik in Berlin das einzige originale italienisch-byzantinische Mosaik nördlich der Alpen. In der zugänglichen Gruft unter dem Altar ruhen der 1861 verstorbene Bauherr und seine Gemahlin Elisabeth Luise, im Mausoleum der 99-Tage-Kaiser Friedrich III. samt Gemahlin Viktoria. 1991 fand hier auch der von der Stammburg der Hohenzollern gemeinsam mit Friedrich II. nach Potsdam überführte Friedrich Wilhelm I. seine letzte Ruhestätte. Jeden Dienstag um 15 Uhr erklingt eine halbe Stunde INSIDER TIPP Orgelmusik, anschließend gibt es eine Orgelführung. Da sich die Kirche im Wasser spiegeln sollte, erstreckt sich davor der Friedensteich. *Mai–Mitte Okt. Mo–Sa 10–18, So 12–18, Mitte Okt.–Mitte März Sa 10–16,*

Beeindruckend, nicht nur wegen seiner Größe: Neues Palais

So 12.30–16, Mitte März–April Mo–Sa 11–17, So 12–17 Uhr | Park Sanssouci | Am Grünen Gitter 3 | www.evkirchepotsdam.de | Bus 606, 612, 614, X15

5 HISTORISCHE MÜHLE
(123 E3) (*Ⓜ E5*)

Seit 1993 dreht sich wieder das mächtige Flügelkreuz der Windmühle von Sanssouci, die 1945 abgebrannt war. Außen wie innen gleicht das neu errichtete Bauwerk seiner Vorgängerin von 1790, die bis 1861 arbeitete. Auf drei Etagen gibt das hier eingerichtete *Mühlenmuseum* Einblick in die brandenburgische Mühlengeschichte. Zu besichtigen sind auch die zwei rekonstruierten Mahlgänge der Mühle. Von der INSIDER TIPP Aussichtsplattform in 11 m Höhe bietet sich ein weiter Blick. *April–Okt. tgl. 10–18, Nov., Jan.–März Sa/So 10–16 Uhr | Maulbeerallee | Bus 612, 695, X15*

6 KAISERBAHNHOF
(122 A5–6) (*Ⓜ C6*)

Im Oktober 1909 stieg Kaiser Wilhelm II. erstmals auf dem eigens für die kaiserliche Familie im englischen Landhausstil errichteten Privatbahnhof „Hofstation im Wildpark" aus, um zum nahen Neuen Palais weiterzufahren. Der Kaiserbahnhof mit seinen zwei stillgelegten Gleisen gehört zum heutigen Bahnhof Park Sanssouci. Der besitzt das einzig erhaltene Bahnhofsgebäude in Potsdam aus der frühen Zeit der preußischen Eisenbahnen, einen Fachwerkbau von 1869. Die Deutsche Bahn nutzt das nicht zugängliche Weltkulturerbe als Akademie für ihre Führungskräfte. *Bus 605, 606, 695*

7 NEUES PALAIS ★
(122 A3–4) (*Ⓜ C5*)

Das größte Bauwerk (1763–69) des 18. Jhs. im Park von Sanssouci besitzt

mehr als zweihundert Räume. 428 Götter und Halbgötter, an denen zwölf Bildhauer und mehrere Dutzend Steinmetze sechs Jahre lang meißelten, zieren die Fassade. Unzählige Schnecken und Muscheln schmücken mit über 20 000 Mineralien und Versteinerungen den als Grotte gestalteten *Gartensaal*. Er gehört zu den etwa 60 zu besichtigenden Räumen, die mit Möbeln, Porzellan und Kunsthandwerk ausgestattet sind. Die etwa 300 Gemälde im Neuen Palais haben vornehmlich italienische, niederländische und französische Künstler geschaffen. Hauptsaal des Schlosses war der *Marmorsaal* im Obergeschoss, gestaltet von Gontard. Die in Form und Gestalt französischen Spiegelgalerien ähnelnde *Marmorgalerie* im Erdgeschoss diente als Speisesaal. Im Südflügel ist die Wohnung von Friedrich II. zu besichtigen. Gewohnt hat der König jedoch kaum in dem Schloss, später wurde es meist als Gästewohnung und für Festlichkeiten genutzt. Erst Kaiser Wilhelm I. wählte es wieder als einen bevorzugten Aufenthaltsort. Das *Schlosstheater* (1748) nimmt das gesamte erste und zweite Obergeschoss des südlichen Hauptflügels ein. Das wiederhergestellte INSIDER TIPP Heckentheater bietet mit seinem amphitheatralisch ansteigenden Zuschauerraum Platz für 210 Personen. Es war nach 1763 angelegt worden, fand aber ab Mitte des 19. Jhs. keine Beachtung mehr. *Mo, Mi–So April–Okt. 10–18, mit Führung oder Audioguide, Nov.–März 10–17 Uhr, nur mit Führung*
Um das Neue Palais sollten Sie einmal herumgehen, weil sich der Blick auf die *Communs* (1766–69) lohnt. In den beiden gewaltigen Bauten gegenüber der Ehrenhofseite befanden sich früher Küchen, Wirtschaftsräume und Dienstwohnungen. In den *Antikentempel* (1768) nördlich vom Neuen Palais, eine verkleinerte Nachbildung des Pantheons in Rom, luden die Könige bis 1830 zur Besichtigung ihrer Antikensammlung ein. Nachdem die jedoch ins Neue Museum nach Berlin gekommen war, wurde der Tempel Ruhestätte einiger Hohenzollern. So liegen hier die erste Gemahlin von Wilhelm II., Kaiserin Augusta Viktoria (verstorben 1921), und seine zweite Frau Hermine (verstorben 1947). *Bus 605, 606, 695*

8 ORANGERIESCHLOSS

(123 D3) (*D5*)

Das 330 m lange Orangerieschloss (1850–64) entstand nach dem Vorbild italienischer Renaissancebauten. Der Raffaelsaal im Mittelbau hat viel Ähnlichkeit mit der Sala Regia im römischen Vatikan. In ihm sind 48 Kopien nach Gemälden italienischer Renaissancemaler zu sehen. Die Gästezimmer, in denen die Könige von Italien und Rumänien sowie der Schah von Persien gewohnt haben, sind mit Gemälden, Plastiken und Kunsthandwerk ausgestattet, die vorwiegend von deutschen Künstlern aus der Mitte des 19. Jhs. stammen. Der Kamin im *Malachitzimmer* ist ein Geschenk des Zaren, seinen Namen bekam es von den zahlreichen aus Malachit gearbeiteten Gegenständen. Vom westlichen *Turm* des Schlosses geht der Blick weit über den Park zur Stadt.
Vor der Orangerie haben Sie den König vor sich, auf den die gesamte Parkanlage zurückgeht: Friedrich II. Das marmorne Reiterstandbild ist eine verkleinerte Nachbildung des bronzenen Denkmals von Christian Daniel Rauch, das in der Straße Unter den Linden in Berlin steht. *April Sa/So 10–18 Uhr (nur mit Führung), Mai–Okt. Di–So 10–18 (Di–Fr nur mit Führung, Sa/So Besichtigung auch ohne Führung möglich); Turm bis 2018 wegen Sanierung geschl. | An der Orangerie 3–5 | Bus 695, X15*

9 RÖMISCHE BÄDER
(122 C5) (🕮 D6)

Die Römischen Bäder waren niemals Bäder, sondern dienten stets als museale Stätte. Das Bauensemble (1829–40) an einem künstlich geschaffenen See, dem Maschinenteich, spiegelt die Italiensehnsucht des Bauherrn Friedrich Wilhelm IV. wider. Die gusseisernen Möbel und die malerische Ausstattung des Atriums stammen von Karl Friedrich Schinkel. Die große Wanne aus grünem Jaspis kam als Geschenk des russischen Zaren Nikolaus I. nach Potsdam. In den Fußboden des Bads ist das berühmte Alexandermosaik aus Pompeji als Kopie eingefügt. Es zeigt die Schlacht bei Issos im Jahr 333 v. Chr. In den Römischen Bädern finden überwiegend Sonderausstellungen der Schlösserstiftung statt. *Mai–Okt. Di–So 10–18 Uhr | Park Sanssouci | Straßenbahn 91, 94 | Bus 605, 606*

10 SCHLOSS CHARLOTTENHOF
(122 C5) (🕮 D6)

König Friedrich Wilhelm III. rief immer wieder zur Sparsamkeit auf: „Dass es auch ja billig käme", denn das Schloss sollte nur dem zeitweiligen Aufenthalt des Kronprinzen, des späteren Königs Friedrich Wilhelm IV., dienen. Was in den schlichten, bürgerlich-klassizistisch gestalteten Innenräumen steht, verdient das Attribut künstlerisch wertvoll. Vieles davon hat Schinkel entworfen, so die versilberten Möbel im Schreibkabinett der Kronprinzessin, den vergoldeten Prunktisch im Speiseraum und das Springbrunnenbecken im Vestibül.

Aus dem Rahmen fällt das mit weiß-blauem Markisenstoff abgespannte *Zeltzimmer*. Lange Zeit glaubte man, es sei dem Weltreisenden Alexander von Humboldt zugedacht gewesen. Humboldt hat, wie später Schinkel selbst und der Bildhauer Christian Daniel Rauch, zwar darin gewohnt, eingerichtet wurde es jedoch für die Hofdamen. *Mai–Okt. Di–So 10–18 Uhr, nur mit Führung | Park Sanssouci | Straßenbahn 91, 94 | Bus 605, 606*

11 SCHLOSS NEUE KAMMERN
(123 E3) (🕮 E5)

Glanzpunkt des Rokokoschlösschens (1748) ist der *Jaspissaal*, der seine Schönheit vom Kontrast des blassgrauen Marmors mit der lebhaften Zeichnung des braunroten Halbedelsteins Jaspis erhält. Im *Büfettsaal* dominiert das Prunkbüfett, allerdings nicht mehr mit Porzellan aus der Königlichen Porzellanmanufaktur Berlin. Was heute darauf steht, hat die zeitgenössische Keramikerin Heidi Manthey entworfen. Die Wände des *Ovidsaals* zieren vergoldete Stuckreliefs mit Darstellungen aus den „Metamorphosen" des antiken Dichters Ovid. Unter den insgesamt sieben Gästezimmern auf der westlichen Seite ragen zwei In-

Für Schloss Sanssouci hat Friedrich II. selbst an den Entwürfen mitgewirkt

tarsien- und Lackkabinette mit üppigem Blumendekor heraus. *April–Okt. Di–So 10–18 Uhr | Park Sanssouci | Bus 695, X15*

12 SCHLOSS SANSSOUCI ★ ●

(123 E3) (*⊞ E5*)

Am 1. Mai 1747 weihte Friedrich II. das eingeschossige Schloss mit einem Bankett ein. Gedacht war es als seine Sommerresidenz, doch verbrachte er später hier die meiste Zeit des Jahres. Das weltberühmte Bauwerk ist reich mit Möbeln, Gemälden, Plastiken und Porzellan vorwiegend aus dem 18. Jh. ausgestattet. Als einer der schönsten Räume des Rokoko gilt das durch Spiegel optisch geweitete *Konzertzimmer,* in dem sich Malerei, Skulptur und Kunsthandwerk zu einem Gesamtbild verbinden.

Im Anschluss folgt das *Empfangszimmer,* in dem die Gäste auf die Audienz beim König zu warten hatten. In der *Bibliothek,* die im Grundriss Friedrichs Arbeitszimmer im Schloss Rheinsberg folgt, werden 2200 Bücher in den Schränken aufbewahrt, die aus dem Potsdamer Stadtschloss stammen. Der König hatte alle seine Bibliotheken mit den gleichen Büchern ausgestattet. Wohnräume für seine Gemahlin, Königin Elisabeth Christine, existieren jedoch nicht. Friedrich II. hatte sie ins Schloss Schönhausen im heutigen Berliner Stadtbezirk Pankow abgeschoben.

Friedrichs *Arbeits-* und *Schlafzimmer* ist der einzige Schlossraum, der nicht mehr die ursprüngliche Innengestaltung hat. Nachfolger und Neffe Friedrich Wilhelm II. ließ sich den Raum im klassizistischen Stil umgestalten. Im Alkoven, ehemals Schlafraum, steht aber wieder der Sterbestuhl des berühmtesten Hohenzollern. Aus konservatorischen Gründen ist die Zahl der täglichen Besucher in Schloss Sanssouci begrenzt, feste Einlasszeiten werden vorgegeben. Karten sind ab 10

Uhr an der Schlosskasse für den jeweiligen Tag zu haben. Nur frühzeitiges Kommen sichert den Eintritt! Oder Sie buchen im Online-Ticketshop im Voraus das „sanssouci+"-Ticket. Damit erhalten Sie Eintritt in Schloss Sanssouci zu Ihrer Wunschzeit sowie in alle anderen Schlösser an einem Tag (außer Belvedere auf dem Pfingstberg, Schloss Sacrow und Jagdschloss Stern). *Di–So April–Okt. 10–18 Uhr mit Audioguide, Nov.–März 10–17 Uhr mit Führung oder Audioguide | Park Sanssouci | Kartenverkauf nur für denselben Tag*

Der Westflügel von Schloss Sanssouci, der *Damenflügel (Mai–Okt. Sa/So 10–18 Uhr)* für die Hofdamen (im Erdgeschoss) und Kavaliere (im Obergeschoss), vermittelt ein Bild höfischer Wohnkultur zwischen Biedermeier und Gründerzeit. Die Möbelgarnitur im ersten Kavalierzimmer stammt aus dem Potsdamer Stadtschloss. Königin Elisabeth, die Gemahlin Friedrich Wilhelms IV., bekam sie 1850 als Geburtstagsgeschenk vom Zarenhof. Wenn Sie wissen möchten, wie die Königin aussah, sollten Sie auf zwei Gemälde in diesem Raum achten: Das eine zeigt sie vor Schloss Sanssouci, das andere vor dem Berliner Stadtschloss.

Im östlichen Seitenflügel können Sie in der INSIDER TIPP *Schlossküche (April–Okt. Di–So 10–18 Uhr)* sehen, wo Majestäts Gaumenfreuden entstanden. 1842 hat man die 115 m² große Hofküche erstmals genutzt. Zubereitet wurden hier vor allem die privaten Mahlzeiten, oft auch für kleinere Festlichkeiten wie die silberne Hochzeit des Königspaars. Prunkstück des originalen Inventars ist eine große eiserne Kochmaschine. Der Kochbetrieb in Sanssouci endete 1873 mit dem Tod der Gemahlin von Friedrich Wilhelm IV., Elisabeth von Bayern.

Am Rand der südlichen Schlossterrasse, an den Büsten römischer Kaiser erkennbar, ließ Friedrich II. seine geliebten Windhunde begraben und für sich eine

Hölzerne Baukunst: die Häuser des russischen Sängerkorps in der Kolonie Alexandrowka

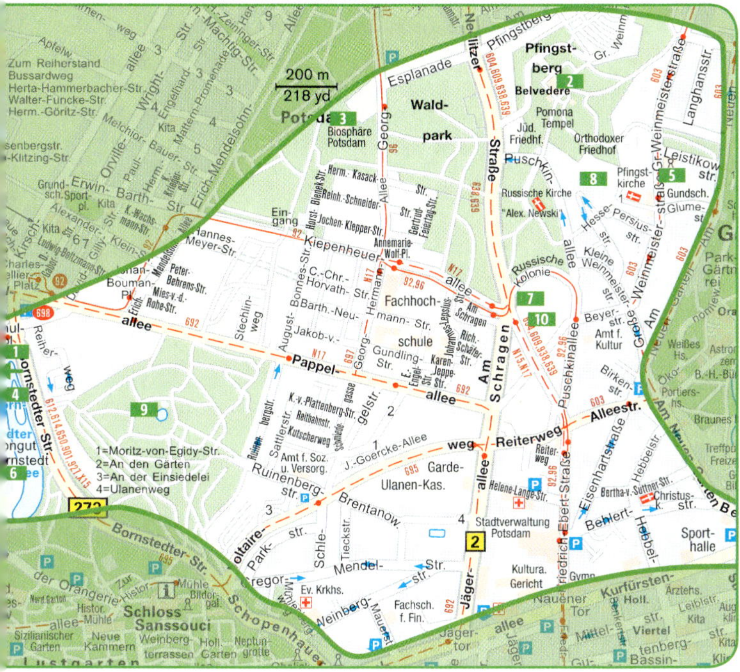

SEHENSWERTES NÖRDLICH DES ZENTRUMS

1 Belvedere auf dem Klausberg
2 Belvedere auf dem Pfingstberg
3 Biosphäre Potsdam
4 Bornstedter Friedhof
5 Gedenkstätte Leistikowstraße
6 Krongut Bornstedt
7 Museum Alexandrowka
8 Nauener Vorstadt
9 Normannischer Turm
10 Russische Kolonie Alexandrowka

Gruft ausheben. Aber erst am 17. August 1991 erhielt der König selbst hier seine letzte Ruhestätte. *Bus 612, 695, X15*

NÖRDLICH DES ZENTRUMS

(114 B6–E4) (*🕮 D–F 3–4*) **Im 19. Jh. dehnte sich Potsdam in Richtung Norden aus, die Jägervorstadt und die Nauener Vorstadt avancierten zu einer beliebten Wohngegend mit repräsentativen Mietshäusern und schönen Villen in unmittelbarer Nähe zur barocken Innenstadt, umgeben von viel Grün.**

Sehenswert sind hier vor allem das *Krongut Bornstedt*, die *Russische Kolonie Alexandrowka* und das restaurierte *Belvedere auf dem Pfingstberg*, von dem Sie einen herrlichen Blick auf Potsdam und die Umgebung, mitunter sogar bis Berlin, haben.

Dschungelatmosphäre herrscht im Tropengarten Biosphäre Potsdam

1 BELVEDERE AUF DEM KLAUSBERG (122 B2) (*C4*)

Das umfassend restaurierte Belvedere auf dem Klausberg (auch Drachenberg genannt) ist seit 2001 erstmals in seiner Geschichte öffentlich zugänglich. 1770 ließ sich Friedrich der Große den Rundbau von Georg Christian Unger nach altrömischem Vorbild erbauen und nutzte ihn für Festlichkeiten. *Mai–Okt. Sa/So 10–18 Uhr*

Auf halber Höhe des Klausbergs steht als dreistufige Pagode das *Drachenhaus* (1770). Das einstige Weingärtnerhaus beherbergt heute ein Café. *Bus 695, X15*

2 BELVEDERE AUF DEM PFINGSTBERG (115 E4) (*F3*)

Herrlich ist die Sicht von den 25 m hohen Türmen. Doch Friedrich Wilhelm IV. schwebte noch Größeres vor: Eine gewaltige Terrassenanlage mit prachtvollem Lustschloss sollte hinab bis zum Neuen Garten reichen. Entstanden sind jedoch nur starke Umfassungsmauern mit Säulengängen sowie eine Doppelturmfront mit einem „römischen" und einem „maurischen" Kabinett. Das Wasserbecken speist die Fontänen des Neuen Gartens. *März und Nov. Sa/So 10–16, April–Okt. tgl. 10–18 Uhr*

Am Abhang des Pfingstbergs errichtete Karl Friedrich Schinkel sein erstes Bauwerk in Potsdam: einen *Pomonatempel (Mitte April–Okt. Sa/So 14–17 Uhr)* genannten Gartenpavillon. Die Gartenanlage zwischen Pfingstberg und Neuem Garten hat Peter Joseph Lenné geplant. Im Sommer werden hier viele Veranstaltungen angeboten, darunter auch die beliebte Reihe „Kultur in der Natur" mit kostenlosen Gartenkonzerten und Kleinkunstveranstaltungen in der Gartenanlage oder auf dem Dach des Pomonatempels an den Wochenenden. *www.pfingstberg.de | Straßenbahn 92, 96 | Bus 638, 639*

3 BIOSPHÄRE POTSDAM ★ (115 D4) (*F3*)

Deutschlands größter Tropengarten präsentiert einen Dschungel aus 20 000 Pflanzen. Bis zu 14 m hohe Bäume und Palmen bilden das grüne Dach des Regenwalds, die Pfade säumen Orchideen, Kakao- und Kaffeepflanzen. Wasserfall, Geräusche des tropischen Walds und stündlich Gewitter mit Regenschauern und Nebel schaffen die richtige Dschungelatmosphäre. Terrarien mit Insekten und Reptilien sowie Tropenfische in der Unterwasserstation zeigen eine Auswahl der tropischen Tierwelt. Ständig werden wechselnde Sonderausstellungen veranstaltet. Stärken können Sie sich im *Café Tropencamp* oder im Selbstbedienungsrestaurant am Eingang. *Mo–Fr 9–18, Sa/So 10–19 Uhr | Georg-Hermann-Allee 99 | Tel. 0331 55 07 40 | www.biosphaere-potsdam.de | Straßenbahn 96*

4 BORNSTEDTER FRIEDHOF

(122–123 C–D2) (*🗺 D4*)

„Was in Sanssouci stirbt, das wird in Bornstedt begraben", schrieb Theodor Fontane. Ausgenommen davon waren die Angehörigen der Königsfamilie, die kamen anderswo unter die Erde oder in Grüfte. Bestattet wurden hier der Gartenarchitekt Peter Joseph Lenné (1789–1866) und der Architekt Friedrich Ludwig Persius (1803–45), ein Schinkelschüler, aber auch die Sportlegende Gillis Grafström (1893–1938), der in Potsdam lebende dreifache Eiskunstlaufweltmeister der 1920er-Jahre. *Ribbeckstraße/Eichenallee | www.bornstedter-friedhof.de | Straßenbahn 92 | Bus 612, 614*

5 GEDENK- UND BEGEGNUNGSSTÄTTE LEISTIKOWSTRASSE

(115 E4) (*🗺 G3*)

Ein bedrückendes Zeugnis der Geschichte: Das frühere Untersuchungsgefängnis des sowjetischen Militärgeheimdiensts dokumentiert authentisch das hier geschehene Unrecht an Tausenden Inhaftierten. *Di–So 14–18 Uhr | Leistikowstr. 1 | www.gedenkstaette-leistikowstrasse.de | Straßenbahn 92, 96 | Bus 603*

6 KRONGUT BORNSTEDT ★

(123 D2) (*🗺 D4*)

Brandenburgisch-preußische Geschichte live: Die Hofbrauerei, die Brandenburg-Manufaktur mit Königlicher Hofbäckerei sowie Guts- und Feinkostläden laden im einstigen Mustergut des späteren Kaisers Friedrich III. zum Schauen und Kaufen ein. An den Wochenenden sind die ● *Langen Kerls* bei Exerzierübungen zu beobachten, finden Konzerte und Märkte statt. In dem in Beige und Altrosa getünchten Gebäudekomplex (1848) befindet sich auch das *Zinnfigurenmuseum (tgl. 12–19 Uhr)*, in dem rund 17 000 Figuren und 150 Dioramen aus Privatbesitz zu sehen sind. *Tgl. ab 11 Uhr | Ribbeck-*

RICHTIG FIT

Joggen auf traumhaften Pfaden: Wer den ganzen Tag durch Museen gezogen ist, sehnt sich nach Bewegung an frischer Luft. Potsdam mit seinen vielen Grünanlagen bietet sich geradezu zum Joggen an. Beliebt ist der Park von Sanssouci. Am günstigsten starten Sie am Grünen Gitter **(123 F4)** ***(🗺 E5)***, von der Straßenbahnhaltestelle am Brandenburger Tor oder der Tiefgarage Luisenplatz keine 5 Min. zu Fuß entfernt. Strecken sind viele möglich, ideal ist es, sich südlich zu halten, da im Park Charlottenhof die wenigsten Besucher sind. Hier können Sie einfach losrennen, ohne Radfahrern und Hunden zu begegnen. Diese kommen Ihnen garantiert nicht in die Quere, denn Sie laufen sozusagen auf geschützten Pfaden: Potsdams Parks stehen bekanntlich unter Unescoschutz, und da ist vieles nicht gestattet – joggen aber dürfen Sie!

str. 6–7 | Info-Tel. 0331 55 06 50 | www.krongut-bornstedt.de | Straßenbahn 92 | Bus 614, 692

7 MUSEUM ALEXANDROWKA

(115 E5) (*🕮 F4*)

Die wiederhergerichteten Räume vermitteln einen Eindruck von der einstigen Innenausstattung der Holzhäuschen der Russischen Kolonie. Hier erfahren Sie alles über deren Geschichte. Wie geschaffen für eine kleine Pause ist das *Gartencafé*, wo Sie auf der Wiese inmitten von Obstbäumen entspannen können. *März–Okt. Di–So 10–18, Nov./Dez. Fr–So 10–17 Uhr | Alexandrowka 2/Ruinenberg | www.alexandrowka.de | Straßenbahn 92, 96*

8 NAUENER VORSTADT

(115 E–F 4–6) (*🕮 G–H3*)

Die ganze Pracht und Vielfalt, die die Architektur Ende des 19. Jhs. bot, ist in diesem Viertel zu sehen. Das Gebäude der *Stadtverwaltung (Friedrich-Ebert-Str. 79–81)* entstand im neubarocken Stil, im italienischen Villenstil das in einem Garten liegende *Haus des Hofgärtners (Friedrich-Ebert-Str. 83)*. Frühklassizistisch und mit mächtigem Mansarddach präsentiert sich die von Baumeister Boumann entworfene *Villa der Gräfin Lichtenau (Behlertstr. 31)*, der Geliebten von Friedrich Wilhelm II. Ein Stück Russland hielt mit der *Kolonie Alexandrowka* am nördlichen Ende der Friedrich-Ebert-Straße Einzug. *Straßenbahn 92, 96 | Bus 692*

Gespiegelt: die künstlichen Ruinen am Wasserbecken des Normannischen Turms

9 NORMANNISCHER TURM

(123 E1–2) (*E4*)

Der 23 m hohe Turm (1846) auf dem Ruinenberg dient seit der Wiederherstellung 2001 erneut als Aussichtsturm. Mit dem Bauwerk ließ Friedrich Wilhelm IV. das Wasserbecken zur Speicherung der Fontänen von Sanssouci ergänzen, das sich dem Geschmack der damaligen Zeit entsprechend hinter künstlichen Ruinen (1748) verbirgt. *Mai–Okt. Sa/So 10–18 Uhr | Bus 612, 695, X15*

10 RUSSISCHE KOLONIE ALEXANDROWKA ★ ●

(115 E5–6) (*F4*)

Am 10. April 1826 unterzeichnete Friedrich Wilhelm III. eine „Allerhöchste Cabinets-Ordre", für zwölf russische Sänger eine Kolonie zu errichten. Ein Jahr später zogen die 1812 als Kriegsgefangene nach Preußen gekommenen Russen in zwölf hübsche, komplett eingerichtete Holzhäuschen – der deutsche Aufseher in ein dreizehntes. Nach dem preußisch-russischen Militärbündnis dienten sie dem König als „Russischer Sängerkorps". Weil dieser sich so an dessen melancholische Lieder gewöhnt hatte, schenkte ihm Zar Alexander den gesamten Chor. Die Häuser sind nicht, wie es den Anschein hat, aus kräftigen Holzbohlen erbaut, sondern aus gemauertem Fachwerk, das außen mit gewölbten Dielenbrettern geschickt verkleidet wurde.

Etwas abseits, auf dem nördlich liegenden Kapellenberg, wurde die *Alexander-Newski-Kirche* erbaut, daneben ein weiteres Blockhaus für den Gemeindepopen. Zar Nikolaus I., der Schwiegersohn von Friedrich Wilhelm III., wohnte 1829 dem ersten Gottesdienst bei. Im Inneren der Kirche finden Sie Schenkungen der preußischen Prinzessin Charlotte, der späteren Zarin Alexandra Feodorowna, und des Moskauer Patriarchats. *www.alexandrowka.de | Straßenbahn 92, 96*

NEUER GARTEN

(115 F4–6) (*G2–4*) **König Friedrich Wilhelm II. wollte etwas Eigenes, er wollte nicht dort spazieren gehen und wohnen, wo sich sein Onkel Friedrich II. wohlfühlte. Und so ließ er das Gelände am Westufer des Heiligen Sees in einen „sentimentalen Landschaftsgarten" verwandeln – mit dem Marmorpalais als Wohnsitz.**

Ab 1817 gestaltete Lenné die Anlage mit weiten Rasenflächen, Baumgruppen und Durchblicken zum Heiligen See und Jungfernsee. Der Park ist eins der schönsten frühen Beispiele englischer Gartenkunst auf dem europäischen Festland. Da er jünger ist als der von Sanssouci, bekam er den Namen *Neuer Garten*. Sie betreten den Park dort, wo die Alleestraße auf die Straße am Neuen Garten stößt. Die

LOW BUDG€T

Rund 10 000 Ausstellungsobjekte in vier Museen in der historischen Innenstadt – *Potsdam Museum*, *Filmmuseum*, *Naturkundemuseum* und *Haus der Brandenburgisch-Preußischen Geschichte* können Sie mit dem Museumsticket für 12 Euro (1 Erw. und 2 Kinder) besichtigen. Eine schöne Ersparnis, denn für den Besuch aller Einrichtungen müsste allein ein Erwachsener 18,50 Euro zahlen.

Der Eintritt im *Filmpark Babelsberg* kostet 21 Euro. Wer drei Stunden vor Parkschließung kommt, zahlt für das Schnupperticket nur 14 Euro.

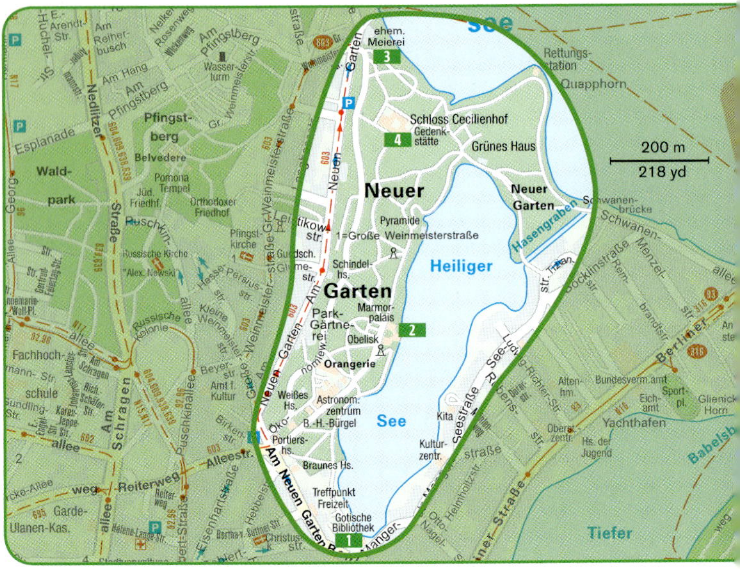

SEHENSWERTES IM NEUEN GARTEN

1 Gotische Bibliothek
2 Marmorpalais
3 Meierei
4 Schloss Cecilienhof

alte Eichenallee mit den 1864 gepflanzten Bäumen führt zur lang gestreckten *Orangerie*, die 1791/92 mit großen Fenstern zur Südseite erbaut wurde. Prachtvoll, vor allem im Sommer, ist der *Blumengarten*, wenn hier die Palmen und Agaven aus der Orangerie stehen. Rechts davon erstreckt sich das aus rotem Backstein erbaute *Holländische Etablissement* (1789/90), das große Ähnlichkeit mit dem Holländischen Viertel im Stadtzentrum besitzt. In einigen Häusern wohnten Bedienstete des Marmorpalais, andere dienten als Ställe, in denen die Tiere untergebracht waren.

1 GOTISCHE BIBLIOTHEK

(115 F6) (*G4*)

Lange Zeit hieß das 1792–94 am Südende des Neuen Gartens direkt am Wasser errichtete Gebäude, in dem sich die königliche Privatbibliothek befand, der „schiefe Turm von Potsdam". Um den Bau zu erhalten, wurde Anfang der 1990er-Jahre der zweigeschossige Turmpavillon Stück für Stück abgetragen und wieder aufgebaut. *Am Neuen Garten | Bus 603*

2 MARMORPALAIS ★

(115 F5) (*G4*)

Das Kleinod des preußischen Frühklassizismus hat sich Friedrich Wilhelm II. 1787–91 als Wohnsitz mit prachtvollen Stukkaturen, Seidenbespannung und Marmorkaminen erbauen lassen, in dem heute auch kostbare Kunstwerke zu bewundern sind. Die INSIDER TIPP Sammlung des bläulichen Wedgwood-Porzellans gehört in Umfang und Qualität zu den bedeutendsten außerhalb Englands.

Im Obergeschoss, wo sich die Räume zu einem Rundgang um die zentrale Marmortreppe gruppieren, bildet das orientalische *Zeltzimmer* einen Höhepunkt. *April Sa/So 10–18, Mai–Okt. Di–So 10–18, Nov.–März Sa/So 10–16 Uhr, nur mit Führung | Im Neuen Garten 10*

In der Nähe des Marmorpalais steht der *Obelisk* (1893/94) aus blaugrauem Marmor. Als künstliche Tempelruine gestaltete man das *Küchengebäude* (1788–90), das einst durch einen unterirdischen Gang mit dem Marmorpalais verbunden war. Die nach ägyptischem Vorbild errichtete *Pyramide* (1791/92) diente zu Königs und Kaisers Zeiten als Kühlschrank. *Neuer Garten | Bus 603*

3 MEIEREI (115 F4) (*G2*)

Direkt am Ufer des Jungfernsees steht das burgenähnliche, zinnenbekrönte Gebäude (1790–92, 1843/44 verändert). Die Meierei versorgte die königliche Hofküche mit Milchprodukten, die Milch kam von auf dem Gelände weidenden Kühen. Ab 1861 diente das Gebäude als Wasserwerk, aus dieser Zeit stammt der schlanke Schornstein. Später war die Meierei beliebtes Ausflugslokal. Das zu DDR-Zeiten zur Ruine verkommene Gebäude wurde bis 2003 originalgetreu als Gaststätte wiederhergestellt, selbst an der Raumaufteilung hat man nichts verändert. Als schönste Gaststube auf den drei Etagen gilt das Teezimmer mit seinen venezianischen Fenstern. *Neuer Garten | Bus 603*

4 SCHLOSS CECILIENHOF ★ ●

(115 F4) (*G3*)

Das letzte und modernste Hohenzollernschloss besitzt 176 Räume, die sich um insgesamt fünf Innenhöfe gruppieren. Heute dient ein Teil des Schlosses als Hotel, der andere als Gedenkstätte. Schloss Cecilienhof (1913–17) ging durch die Potsdamer Konferenz in die Weltgeschichte ein. Am 2. August 1945, eine

Idyllisch am See wohnte Friedrich Wilhelm II. in seinem Marmorpalais

halbe Stunde nach Mitternacht, unterzeichneten an einem runden Tisch, der eigens dafür in Moskau hergestellt wurde und noch heute zu sehen ist, die Vertreter der drei Siegermächte Harry S. Truman, Clement Attlee und Joseph W. Stalin das „Potsdamer Abkommen".

Der *Konferenzsaal* von 1945 und die *Arbeitszimmer* der Delegationen sind in der ursprünglichen Form erhalten geblieben. Als das Schloss für die Konferenz ausgewählt wurde, waren Teile der Originalmöbel verschwunden. Deshalb bestückte man 36 Schlossräume mit Mobiliar aus anderen Schlössern und Potsdamer Villen. Das ehemalige Arbeits- und Raucherzimmer des Kronprinzen diente Präsident Truman als Arbeits- und Beratungszimmer. Winston Churchill richtete sich in der früheren kronprinzlichen *Bibliothek* ein. Allerdings konnte er die aus Schloss Babelsberg extra herbeigeschafften Möbel aus hellem Ahornholz nur wenige Wochen genießen – nach einer Wahlniederlage musste er seinem Nachfolger Attlee weichen. Stalin hatte sich den *Roten Salon*, das Schreibzimmer der Kronprinzessin, ausgewählt. Sein Arbeitsplatz war am Schreibtisch zwischen Fenster und Kamin.

Relativ unbekannt ist, dass auch sechs wiederhergerichtete INSIDER TIPP Privaträume des Kronprinzenpaars *(Di–So 10, 12, 14 und 16 Uhr)* im Obergeschoss des Mittelbaus zu besichtigen sind. Die Fürstenabfindung von 1926 hatte der Kronprinzenfamilie ein Wohnrecht auf Lebenszeit eingeräumt; das erlosch allerdings, als sie vor der anrückenden sowjetischen Armee im Frühjahr 1945 das Schloss verließ und in den Westen floh. INSIDER TIPP Der fünfzackige rote Sowjetstern aus Blumen im *Großen Hof* ist kein Relikt aus der DDR-Zeit, auf diesen Stern hatten sich die drei Regierungschefs in der Vorbereitungsphase der Konferenz

Der rote Blumenstern im Garten des Cecilienhofs erinnert an das „Potsdamer Abkommen"

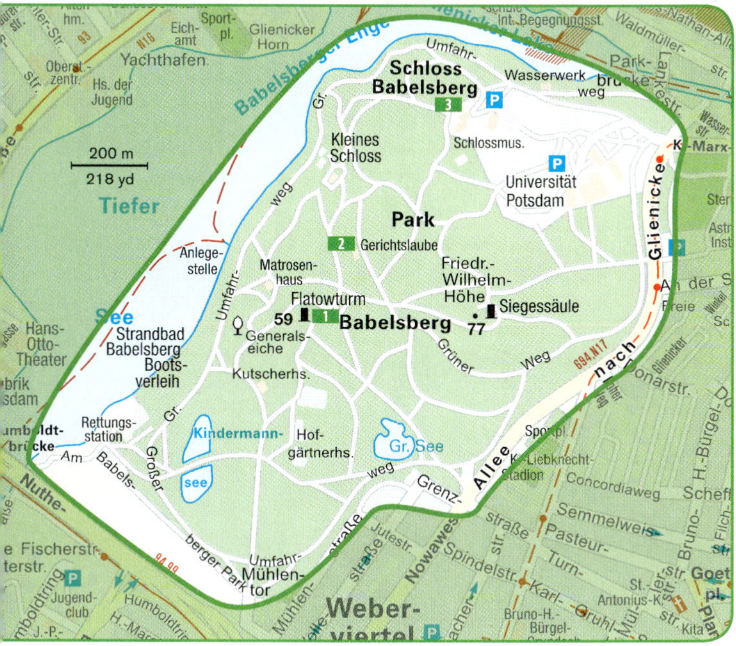

SEHENSWERTES IM PARK BABELSBERG

1 Flatowturm 2 Gerichtslaube 3 Schloss Babelsberg

geeinigt, vermutlich weil die Sowjetunion die Hauptlast des Kriegs zu tragen hatte. *Di–So April–Okt. 10–18, Nov.–März 10–17 Uhr mit Führung oder Audioguide | Im Neuen Garten 11 | Bus 603*

PARK BABELSBERG

(120 B–C 1–3) (*H–K 4–5*) **Mit 1,26 km² ist der ● Park Babelsberg Potsdams zweitgrößte Anlage. Prinz Wilhelm (der spätere Kaiser Wilhelm I.) beauftragte Peter Joseph Lenné mit der Gestaltung des hügeligen Geländes am Tiefen See und der Glienicker Lake.**

Nach Meinungsverschiedenheiten der beiden setzte Hermann Fürst von Pückler-Muskau 1842 die Arbeiten fort. Und so wurde der Park im englischen Landschaftsstil das Werk zweier großer Gartenkünstler des 19. Jhs.

Wenn Sie den Park am nördlichen Eingang betreten (am Ende der Karl-Marx-Straße) sehen Sie als Erstes das neugotische *Dampfmaschinenhaus* (s. S. 30) (1843–45). Die 40 PS starke Dampfmaschine sorgte für die Bewässerung des gesamten Parks. Von hier führt der Weg zum burgenähnlichen Schloss Babelsberg. Das *Kleine Schloss* (1841/42) am Ufer des Tiefen Sees entstand im neugotischen Stil für den Sohn des Prinzenpaars, den späteren 99-Tage-Kaiser

Friedrich III. Heute ist dort ein Restaurant untergebracht. Im nahen *Marstall* (1839) standen die Pferde und Kutschen, und im *Matrosenhaus* (1842, umgebaut 1868) wohnten die Matrosen, die die königlichen Segelschiffe und Gondeln bei den Lustfahren auf der Havel bedienten.

1 FLATOWTURM
(120 B2) (*J5*)

Der 46 m hohe Turm (1853–56), der einst Gästezimmer beherbergte, wurde dem spätgotischen Eschenheimer Tor in Frankfurt/Main nachgebildet. Seinen Namen bekam er von der herrschaftlichen Familie Flatow in Westpreußen, die die Steine für den Bau stiftete. Von dem Rundturm bietet sich Ihnen ein herrlicher Blick. *Mai–Okt. Sa/So 10–18 Uhr | Park Babelsberg 12 | Bus 694*

2 GERICHTSLAUBE (120 B2) (*J4*)

Auf einer östlichen Höhe, benannt nach dem Gartenarchitekten Peter Joseph Lenné, bekam 1872 die rote Gerichtslaube ihren Platz. Als in Berlin das neue Rote Rathaus fertig war, schenkten die Berliner Stadtväter die Gerichtslaube ihres alten Rathauses Kaiser Wilhelm I. Der ließ den zweigeschossigen, quadratischen Backsteinpavillon als „denkwürdiges Wahrzeichen aus der Vorzeit" in Babelsberg aufstellen. *Frei zugänglich | Bus 694*

3 SCHLOSS BABELSBERG
(120 C1) (*J4*)

Das auf einer Anhöhe inmitten von hohen Bäumen gelegene Gebäude wirkt wie ein Märchenschloss. Schinkel hatte es mit diesem Bau nicht einfach. Die Gemahlin des Bauherrn, Prinzessin Augusta aus dem Hause Sachsen-Weimar, besaß eigenwillige Vorstellungen, die sie als einstige Mal- und Zeichenschülerin von Goethe sogar selbst zu Papier brachte. Eine Art Schloss Windsor wollte sie haben mit Zinnen, mit Türmchen und Erkern, und alles sehr repräsentativ.

Das zu DDR-Zeiten stark vernachlässigte Gebäude – es lag direkt an der Grenze zu West-Berlin – wird gegenwärtig saniert. Nach Abschluss der Arbeiten soll es wieder Eindrücke aus dem Leben von Kaiser Wilhelm I. und seiner Gemahlin Augusta vermitteln, die mehr als 40 Jahre die Sommer in Schloss Babelsberg verbrachten, wo sie einen einzigartigen Blick über die Havellandschaft hatten. Der überwiegende Teil der Ausstattung hat das Paar nicht extra für das Schloss anfertigen lassen, sondern nach eigenem Geschmack erworben. Das hinter dem Schloss liegende *Küchengebäude* (1844–49) ist mit diesem durch einen unterirdischen Gang verbunden. *Bus 694*

ANDERE STADTVIERTEL

Wenn Sie Potsdam in seiner ganzen Vielfalt an Parkanlagen, architektonischen Meilensteinen und berühmten Filmkulissen kennenlernen möchten, verlassen Sie die City.

Besuchen Sie den jüngsten Park der Stadt, den die Bundesgartenschau 2001 hinterlassen hat, den *Wissenschaftspark* mit dem expressionistischen Einsteinturm auf dem Telegrafenberg, denn in Potsdam sind seit jeher Forschung und Wissenschaft beheimatet, oder auch den größten Tropengarten Deutschlands, die *Biosphäre Potsdam*. Der weiträumige Stadtteil *Babelsberg* wurde international durch die *Filmstudios* bekannt, der *Filmpark Babelsberg* zu einem weiteren Touristenmagnet Potsdams. Hat es doch etwas Magisches, hinter die bekannten

Teils nach Plänen von Karl Friedrich Schinkel errichtet: Schloss Babelsberg

Kulissen von Kino und Fernsehen schauen zu können.
Alle nachfolgend aufgeführten Ziele können Sie gut mit öffentlichen Verkehrsmitteln erreichen.

ALTER FRIEDHOF (120 A4–5) (🗺 H7)

Die toskanische Säule mit Adler an der Hauptallee wurde zu Ehren von Eleonora Prochaska errichtet, die in den Befreiungskriegen als Mann kämpfte. Das Denkmal daneben erinnert an 3000 mit ihr gegen Napoleon Gefallene. Auf dem 1796 angelegten Friedhof ruhen auch der Begründer des deutschen Genossenschaftswesens, Hermann Schulze-Delitzsch (1818–83), und der Potsdamer Orgelbauer Alexander Schuke (1870–1933). *Dez.–Feb. tgl. 8–16, März/April, Sept./Okt. 7–18, Mai–Aug. 7–20, Nov. 8–17 Uhr | Heinrich-Mann-Allee 106 | Straßenbahn 91, 92, 93, 96, 98, 99*

BABELSBERG

(120–121 B–F 1–6) *(🗺 H–M 4–8)*

Potsdams größter Stadtteil ist 1938 durch den Zusammenschluss von *Nowawes* und der Villenkolonie *Neu-Babelsberg* entstanden. Ein Jahr später kam die junge Stadt zu Potsdam. Zentrum von Babelsberg ist der *Weberplatz,* einst der Mittelpunkt der alten Weber- und Arbeitersiedlung Nowawes. Unweit der 250 Jahre alten *Friedrichskirche* und dem backsteinernen *Rathaus*, begrenzt von der Karl-Gruhl-, der Karl-Liebknecht- und der Rudolf-Breitscheid-Straße, haben sich einige der flachen *Weberhäuschen* erhalten. Im *Karl-Liebknecht-Stadion* trägt der Frauenfußballclub *1. FFC Turbine Potsdam* seine Spiele aus.
Überregional bekannt wurde der Name Babelsberg durch das *Schloss Babelsberg* (s. S. 54) und durch den am Rand des Viertels liegenden *Filmpark Babelsberg*

(s. S. 57). 1912 begann in Babelsberg die Produktion von Spielfilmen, deren Stars schon damals in der Nähe, am Ufer des *Griebnitzsees,* in prachtvollen Villen wohnten, einst erbaut von hohen Regierungsbeamten und Industriellen. Am Ende des Zweiten Weltkriegs residierten hier die Staatschefs Harry S. Truman, Winston Churchill, Clement Attlee und Josef W. Stalin. Auch heute werden die begehrten Villen teils von Prominenten bewohnt (s. S. 89). *Straßenbahn 94, 99 | Bus 601, 694 | S-Bahn*

Wie einst wählen sich auch heute Betuchte die Berliner Vorstadt als Wohnsitz, so Wolfgang Joop und Günther Jauch. In der Schiffbauergasse, am südlichen Ende der Berliner Vorstadt, entstand auf einstigem Industrie- und Militärgelände Potsdams modernster Kultur- und Gewerbestandort mit dem neuen *Hans-Otto-Theater,* dem *Waschhaus* und dem hypermodernen *Volkswagen Design Center*, in dem unter strenger Geheimhaltung die neuesten VW-Modelle entwickelt werden. *Straßenbahn 93*

Viel Action samt rasanten Motorradsprüngen erleben Sie im Filmpark Babelsberg

BERLINER VORSTADT

(116 A–B 5–6) (*🕮 H3–4*)

Es ist wieder eine Freude, durch Potsdams Nobelvorstadt zwischen Havel, Heiligem und Tiefem See zu spazieren. Bis 1989 lag sie im Schatten der Berliner Mauer. 1795 hatte Friedrich II. den Ausbau der heutigen Berliner Straße zur ersten preußischen Kunststraße befohlen.

BRANDENBURGER VORSTADT

(123 D5–6) (*🕮 E6*)

Ende des 18. Jhs. besaß hier Friedrich Wilhelm I. eine der zahlreichen Meiereien, in der er acht ostfriesische Kühe hielt, die frische Milch für den Hof lieferten. Die Bebauung in dem Gebiet zwischen Brandenburger Tor, Park Sanssouci und Havel begann nach 1870. Das Rückgrat bildet die nach Brandenburg führende Zeppelinstraße. Vom ehemaligen Landeplatz für Luftschiffe ist nichts erhalten. Die neogotische *Erlöserkirche* entstand 1896–98. Touristischer Anziehungspunkt ist das einer maurischen Moschee nachgebildete *Dampfmaschinenhaus* (s. S. 30) von Sanssouci an der Neustädter Havelbucht. *Kiewitt* heißt eine südöstlich der Zeppelinstraße in die Havel vorspringende Landzunge, deren erste Häuser 1936 und deren letzte 1973 entstanden. Von hier aus tuckert eine kleine Fähre über die Havel zur Insel *Hermannswerder,* die der Judengraben vom Festland trennt. *Straßenbahn 91, 94, 98 | Bus 606*

FILMPARK BABELSBERG ★

(121 E4–5) (*🕮 L7*)

Der Filmpark – entstanden auf dem Gelände der einst größten Filmstadt Europas, die sich heute *Medienstadt Babelsberg* nennt – bietet Ihnen viel: Autocrashs, aufsteigende Rauch- und Nebelschwaden, rasante Verfolgungsjagden und Sprünge aus schwindelerregender Höhe. All dies zeigt die *Babelsberger Stuntcrew* in ihrer atemberaubenden Show. Schauplatz ist die monumentale Kulisse eines erloschenen Vulkankraters. Wem das nicht reicht, der lässt sich im *4-D-Actionkino* richtig durchrütteln. Auf den bewegten Sitzen, begleitet von Wind und Nebel, erleben Sie modernste Kinotechnik. Und in *Boomer – das U-Boot* machen Sie im Originalset eine simulierte Reise in dem russischen U-Boot. Im ● *Fernsehstudio 1* können Sie auf einer großen Videoleinwand die einzelnen Produktionsschritte verfolgen oder selbst im Rampenlicht stehen, z. B. als Nachrichtensprecher, Wetterfee oder Aufnahmeleiter. In der *Westernstraße* lernen Sie die Tricks von Filmarchitekten und Szenenbildnern kennen, und in der *Mittelalterstadt* ist als größte Außenkulisse eine Dekoration zu sehen, die schon für viele Film- und Fernsehproduktionen verwendet wurde. Die Kleinsten zieht es vor allem ins *Sandmann-Haus* (s. S. 94).

Babelsberg zählt zu den größten und ältesten Filmstudios der Welt. Hier standen seit 1912 Stars wie Greta Garbo, Marlene Dietrich, Yves Montand und Omar Sharif vor den Kameras. Über 3000 Kino- und Fernsehfilme haben die Studios bis heute verlassen. Die *Studiotour* führt Sie auf das ansonsten nicht zugängliche Gelände der Medienstadt Babelsberg.

Für den individuellen Besuch der Attraktionen des Filmparks sollten Sie mindestens sechs Stunden einplanen. Die aktuellen Showzeiten stehen auf der Eintrittskarte, einen Geländeplan zur Orientierung gibt es an der Filmparkkasse.

Wer sich nach all den Vergnügungen stärken will, der geht ins Erlebnisrestaurant *Prinz Eisenherz (www.prinz-eisenherz.*

info), deren Ausstattung zum größten Teil aus dem deutsch-britischen Fantasyspektakel gleichen Namens stammt.
Jedes Jahr im Sommer findet die INSIDER TIPP Lange Babelsberger Filmparknacht statt, eine Nacht der Fabelwesen und Magie in den phantastischen Kulissen des Filmparks. *April–Anf. Nov. tgl. 10–18 Uhr, diverse Schließtage siehe Website | Großbeerenstr. 200 | www.filmpark-babelsberg.de | Bus 690*

FOERSTER-GARTEN ● (114 A4) (*C3*)

Der berühmte Potsdamer Staudenzüchter Dr. h. c. Karl Foerster (1874–1970) wird vielfach geehrt: Beispielsweise befindet sich auf der *Potsdamer Freundschaftsinsel* ein Denkmal und im *Berliner Erholungspark Marzahn* unter den sieben „Gärten der Welt" ein *Karl-Foerster-Staudengarten*. Für Blumenfreunde ist es ein Muss, den 6000 m² großen denkmalgeschützten *Hausgarten* zu besuchen, den der Potsdamer Ehrenbürger ab 1912 in Bornim angelegt hat. Foerster züchtete mehr als 600 Stauden und verfasste zahlreiche Gartenbücher. *April–Okt. 9–19, Nov.–März 9 Uhr bis Einbruch der Dunkelheit | Am Raubfang 6 | www.foerster-stauden.de | Bus 692*

KAISERLICHE MATROSENSTATION KONGSNÆS (116 B5) (*H3*)

Der einzige Gebäudekomplex norwegischer Holzbaukunst in Deutschland am Ufer des Jungfernsees soll wiederhergestellt werden. Fertig ist das fast 4 m hohe Eingangstor der kaiserlichen Marinestation, die bis auf das Kapitänshaus, die Matrosenkaserne und den Bootsschuppen zerstört worden war. Als Erstes ist das ehemalige Empfangsgebäude, die sogenannte „Ventehalle", für die Rekonstruktion vorgesehen, in die nun ein Café-Restaurant zieht.
Kaiser Wilhelm II. erfreute sich bei seinen Nordlandfahrten an der norwegischen Holzarchitektur. „So ein Ding will ich auch haben", soll er 1890 zum norwegischen König Oskar II. gesagt haben und ließ für die Matrosen der kaiserlichen Marine das Ensemble im norwegischen Drachenstil errichten. *www.matrosenstation.de | Straßenbahn 93*

ENTSPANNEN & GENIESSEN

Pflastermüde? Erschöpft vom Sightseeing? Dann lassen Sie sich verwöhnen und genießen Sie Streicheleinheiten für Körper und Seele. Im *Aqua Spa* **(119 E1)** (*F4*) *(für Tagesgäste tgl. 14–22 Uhr | Jägerallee 20 | Tel. 0331 27 40 | www.dorint.com)* des Dorint Hotels erwartet Sie eine Wohlfühloase mit Bade- und Saunalandschaft. Innenpool, Tepidarium, Dampfbad, Trockensauna und Fitnessraum sind auch für Nichthotelgäste geöffnet. Entspannende Massagen und Kosmetikbehandlungen sollten Sie vorher telefonisch vereinbaren. Im ● *Float Potsdam* **(119 E2)** (*F5*) *(tgl. 10.30–22 Uhr | Hegelallee 53 | Tel. 0331 2 00 04 39 | www.float-potsdam.de)* schweben Sie schwerelos im Floating-Tank oder Floating-Becken für zwei Personen und erreichen einen Zustand der Tiefenentspannung. Muskuläre Verspannungen werden gelöst. Wenn Sie sich auch noch eine Wellnessmassage gönnen, ist die Müdigkeit wie weggeblasen, und Sie sind fit für weitere Potsdam-Entdeckungen.

Einsteinturm: In dem expressionistisch gestalteten Observatorium wird noch heute geforscht

NEUER FRIEDHOF

(120 A5–6) (*G–H 7–8*)

Letzte Ruhestätte unter anderem für den Landschaftsarchitekten Gustav Meyer (1816–77) und den Schriftsteller Bernhard Kellermann (1879–1951). Der nach 1863 eingeweihte und von Lenné gärtnerisch gestaltete Friedhof ist der größte Potsdams. *Dez.–Feb. tgl. 8–16, März/April, Sept./Okt. 7–18, Mai–Aug. 7–20, Nov. 8–17 Uhr | Heinrich-Mann-Allee | Straßenbahn 91, 92, 93, 96, 98, 99*

VILLA SCHÖNINGEN (116 B5) (*J3*)

„Spione, Mauer, Kinderheim – an der Brücke zwischen den Welten" nennt sich die multimediale Dauerausstellung in dem deutsch-deutschen Museum. Das steht direkt an der Glienicker Brücke, international bekannt durch die Agentenaustausche zur Zeit des Kalten Kriegs. Regelmäßig zeigt das Museum auch INSIDER TIPP Sonderausstellungen zeitgenössischer Kunst renommierter Künstlern. *Do–So 10–18 Uhr | Berliner Str. 86 | Tel. 0331 2001741 | www.villa-schoeningen.de | Straßenbahn 93*

WISSENSCHAFTSPARK ALBERT EINSTEIN (119 E–F 5–6) (*G7–8*)

Die markantesten Bauwerke des Wissenschaftsparks auf dem *Telegrafenberg* sind der *Große Refraktor* von 1899 sowie der 20 m hohe, von Erich Mendelsohn 1924 zur experimentellen Überprüfung von Einsteins Relativitätstheorie errichtete *Einsteinturm,* der in seiner expressiven Form als einer der originellsten Bauten des 20. Jhs. gilt. Er dient auch heute noch als Sonnenobservatorium. Im Refraktor können Sie während einer Führung einen Blick durch das viertgrößte Linsenteleskop der Welt werfen. *Wissenschaftspark tgl. 8–18 Uhr, Innenbesichtigung des Turms Okt.–März mit Führung | Termine unter www.urania-potsdam.de | Bus 691*

ESSEN & TRINKEN

Kräftig und würzig ist das Essen, solide Hausmannskost, aber keinesfalls einfallslos. Das beweisen die Auszeichnungen vieler Potsdamer Restaurants.

Die Palette der Gastronomiebetriebe ist groß. Jeder findet hier Speisen seines Geschmacks und das Ambiente, in dem er sich wohlfühlt. Eine eigene Potsdamer Küche gibt es nicht, aber eine regionale. Die wird geprägt von dem, was die Gegend so hergibt: Fisch aus den umliegenden Seen, Beelitzer Spargel, Teltower Rübchen, Spreewälder Gurken und die hoch im Kurs stehenden Kartoffeln. Und was typisch für Berlin ist, wird auch hier gegessen: Kassler beispielsweise, benannt nach dem einstigen Berliner Schlachtermeister Cassel in der Potsdamer Str. 15, oder Eisbein.

Seit jeher wird zudem gern „gesuppt". So ist bekannt, dass Friedrich Wilhelm IV. im Mai 1846 Order gab, jeden Morgen Kresse, Gänseblümchen, Sauerampfer und andere Kräuter für eine Suppe zu pflücken. Sie war für den Naturforscher Alexander von Humboldt bestimmt, des Königs Gast. Aus DDR-Zeiten hat sich die Soljanka erhalten, die ihren Ursprung in der Ukraine hat. Gut zubereitet mit Schinken, Kochsalami und Gewürzgurken hätte vielleicht sogar Humboldt für sie auf sein Kräutersüppchen verzichtet.

Zu Ruhm gelangten die INSIDER TIPP Teltower Rübchen, benannt nach einem Städtchen östlich von Potsdam. Unter dem Stichwort „Teltower Rübchen" steht im „Universal-Lexikon Kochkunst" von 1899: „Eine berühmte Zuchtform

 Bild: Krongut Bornstedt

Frischer Fisch, Beelitzer Spargel, Teltower Rübchen und der „Werderaner Wachtelberg" – das sind die Spezialitäten Potsdams

der weißen Rübe, die im Sandboden der Mark Brandenburg angebaut wird." Das mit der Zuchtform ist arg übertrieben, denn im kargen märkischen Sandboden bleiben die Rüben winzig und bekommen dadurch ihren zarten Geschmack. In den letzten Jahren erlebten die kleinen Wurzeln eine Renaissance. Ein Verein, der über Anbau und Vermarktung wacht, hat als Kriterien festgelegt: höchstens 2,5 cm dick und daumenlang.

Eine weitere Delikatesse in Potsdam ist der Spargel. Von Mitte April bis zum 24. Juni, dem Johannistag, steht frischer Beelitzer Spargel – der Rolls-Royce unter den Spargelsorten – in wohl jedem Restaurant auf der Karte. Was morgens in aller Frühe im nahen Beelitz gestochen wurde, wird Ihnen noch am gleichen Tag serviert. Immer mehr Restaurants bieten neben den traditionellen Varianten mit zerlassener Butter oder Sauce hollandaise immer neue Spargelkreationen an.

Eine gute Orientierung für den Gast ist das Siegel „Potsdamer Gastlichkeit", mit dem sich besonders empfehlenswerte

Restaurants, Cafés und Kneipen schmücken dürfen. Diese haben sich erfolgreich einer freiwilligen Prüfung zur Qualität von Speisen und Getränken, Ambiente und Service unterzogen.

getrennten Raum verfügen und keine zubereiteten Speisen anbieten. Der Raucherbereich muss deutlich gekennzeichnet sein. Personen unter 18 Jahren haben keinen Zutritt.

Französische Schokoladenspezialitäten und feine Landhausküche: La Maison du Chocolat

Die Potsdamer trinken mit Vorliebe das Pils aus der eigenen Stadt und der ostdeutschen Traditionsmarken Radeberger, Wernesgrüner oder Lübzer. Im Sommer ist die Berliner Weiße beliebt, ein obergäriges, leicht säuerliches Weißbier. Man trinkt es „mit Schuss" – mit einem Schnapsgläschen Himbeer- oder Johannisbeersirup. Wer „Weiße mit Strippe" bestellt, bekommt einen Kümmel dazu. Und für einen trockenen Müller-Thurgau sprießen in Werder auf dem Wachtelberg auf 62 000 m² die Reben. Damit wurde eine alte Tradition wiederbelebt. Der „Werderaner Wachtelberg" ist ein milder Wein, der jung am besten schmeckt. In Brandenburgs Gaststätten mit weniger als 75 m² gilt eine Ausnahme vom Rauchverbot, wenn sie über keinen ab-

CAFÉS

CAFÉ GUAM (119 E2) *(▯ G5)*
Die Spezialität des Cafés sind **INSIDER TIPP** köstliche Käsetorten, die Sie nicht nur hier genießen, sondern auch mit nach Hause nehmen können. Bis zu 30 verschiedene Sorten werden vom hauseigenen Konditor hergestellt. Abends auch Barbetrieb. *Tgl. | Mittelstr. 38 | Tel. 0331 20 70 01 64 | www.cafe-guam.de | Straßenbahn 92, 96*

CAFÉ HEIDER (119 E2) *(▯ F5)*
In dem seit 1878 bestehenden Kaffeehaus erhalten Sie Spezialitäten, wie sie schon der einstige kaiserlich-königliche Hofkonditor kreierte. Längst ist das Heider nicht mehr nur Café, sondern auch

ein gutes Restaurant. Beliebt ist der üppige Sonntagsbrunch (10–13 Uhr). *Tgl. | Friedrich-Ebert-Str. 29 | Tel. 0331 2705596 | www.cafeheider.de | Straßenbahn 92, 96 | Bus 609, 692*

INSIDER TIPP GOOD DEATS
(119 E2) (*G5*)
Potsdams erstes veganes Café! Die selbst gemachten Kuchen und Torten, Cupcakes und Törtchen, Bagels und Salate in Bioqualität kommen ganz ohne tierische Zutaten aus, ebenso wie die Pralinés und Schokoladen aus der hauseigenen Pralinenmanufaktur. *Mo/Di geschl. | Kurfürstenstr. 9 | Tel. 0331 58399306 | www.gooddeats.com | Straßenbahn 92, 96*

LINDENCAFÉ (120 C4) (*J6*)
Wiener Kaffeehausflair am Bahnhof Babelsberg. Das Angebot reicht von Frühstück, INSIDER TIPP italienischem Eis aus eigener Eismanufaktur, Torten und Kuchen bis zu wechselnden Tagesgerichten. *Tgl. | Rudolf-Breitscheid-Str. 47/48 | Tel. 0331 74000884 | www.redo-lindencafe.de | Straßenbahn 94, 99 | Bus 694*

LA MAISON DU CHOCOLAT ★
(119 E–F2) (*G5*)
Der Name ist Programm: köstliche Schokoladentorten, französische Tartes und Obstkuchen aus der hauseigenen Konditorei. Die Spezialität ist französische Trinkschokolade, die so richtig schokoladig schmeckt. Im angeschlossenen Restaurant *Ce Soir* erwartet Sie französische Landhausküche. *Tgl. | Benkertstr. 20/Mittelstraße | Tel. 0331 2370730 | www.schokoladenhaus-potsdam.de | Straßenbahn 92, 96 | Bus 609, 692*

POTSDAMER KULTURCAFÉ
(119 E2) (*G5*)
Pfiffige vegetarische Gerichte aus biologischem Anbau: Pasta, Salate, Suppen, feine Desserts und Kuchen. Ein Gedicht ist die INSIDER TIPP Trinkschokolade, die nach einem traditionellen Rezept hergestellt wird. Regelmäßige Lesungen, Kleinkunst und Ausstellungen. *Mo geschl. | Benkertstr. 23 | Tel. 0331 5058008 | www.potsdamerkulturcafe.de | Straßenbahn 92, 96*

RESTAURANTS €€€

ARLECCHIN (119 E2) (*G5*)
Von der Mittelmeerküche lässt sich Küchenchef Kasper, nach dem das Restaurant benannt ist, inspirieren. Er zelebriert in dem mit antiken Möbeln ausgestatteten heimeligen Restaurant kleine Kunstwerke der gehobenen Frischeküche, für die er vorwiegend regionale und saisonale Produkte einsetzt. *Mo geschl. | Hebbelstr. 54 | Tel. 0331 2437720 | www.arlecchin.de | Straßenbahn 92, 96*

DER BUTT (119 E2) (*F5*)
Das Fischspezialitätenrestaurant überzeugt mit frisch zubereiteten klassischen

MARCO POLO HIGHLIGHTS

★ La Maison du Chocolat
Eine köstliche Verführung der Sinne → S. 63

★ Drachenhaus
Exotisches Ambiente und eine frische, regionale Küche → S. 65

★ Friedrich Wilhelm
Ein Michelin-Stern für die exzellente Kochkunst von Alexander Dressel → S. 64

★ Meierei im Neuen Garten
Potsdams beliebtester Biergarten → S. 67

Fischgerichten. Dabei finden sowohl Süßwasserfische als auch die Bewohner der Weltmeere Verwendung. *Tgl. | Gutenbergstr. 25 | Tel. 0331 2 00 60 66 | www.der-butt.de | Straßenbahn 92, 96*

INSIDER TIPP **MAISON CHARLOTTE**
(119 E2) *(Ⓜ G5)*
Der Koch, dem Sie bei der Arbeit zuschauen können, zaubert Gaumenfreuden auf die Teller. Köstlich ist die bretonische Fischsuppe, schön der lauschige Innenhof. *Tgl. | Mittelstr. 20 | Tel. 0331 2 80 54 50 | www.maison-charlotte.de | Straßenbahn 92, 96 | Bus 692*

IL TEATRO (120 A2) *(Ⓜ H5)*
Gehobene italienische Küche in der alten Zichorienmühle, die Sie mit herrlichem Blick auf den Tiefen See genießen können. *Tgl. | Schiffbauergasse 12 | Tel. 0331 20 09 72 91 | www.ilteatro-potsdam.de | Straßenbahn 93, 94, 99*

RESTAURANTS €€

ALTER STADTWÄCHTER
(119 D3) *(Ⓜ F5)*
Rustikales Ambiente im ehemaligen Nachtwächterhaus an der Stadtmauer. Klassische Küche aus Deutschland und Österreich. *Tgl. | Schopenhauerstr. 31 | Tel. 0331 90 37 41 | www.alter-stadtwaechter.de | Straßenbahn 91, 94, 98*

BRASSERIE ZU GUTENBERG
(119 E2) *(Ⓜ F5)*
Ein Hauch französische Lebensart: frische französisch-deutsche Küche mit Klassikern wie Wiener Schnitzel, Zander oder Steak. Aber auch einfache Gerichte wie Zwiebelkuchen oder Croque Madame.

GOURMETTEMPEL

Fiore (119 E2) *(Ⓜ F5)*
Feines Restaurant mit einer mehrfach ausgezeichneten Küche, in der aus frischen Produkten der Region innovative Gerichte entstehen. *Hauptgerichte ab 21 Euro | tgl. | Hegelallee 11 | im Hotel Jägertor | Tel. 0331 2 01 11 00 | www.hotel-am-jaegertor.de | Bus 692*

Friedrich Wilhelm ★ (118 A4) *(Ⓜ C6)*
In dem edlen Restaurant erkochte sich Alexander Dressel einen Michelin-Stern. Hier genießen Sie eine neue deutsche Küche aus vorrangig regionalen Erzeugnissen. *Hauptgerichte ab 28 Euro | nur abends, So/Mo geschl. | im Wildpark | Elisenweg 2 | Tel. 0331 55 05 50 | www.bayrisches-haus.de | Bus 631*

Restaurant Juliette (119 E2) *(Ⓜ F5)*
In dem kleinen Gourmetrestaurant, gemütlich rustikal mit Kamin eingerichtet, erhalten Sie eine feine, leichte französische Küche. *Hauptgerichte ab 26 Euro | Jan–Nov. Di geschl. | Jägerstr. 39 | Tel. 0331 2 70 17 91 | www.restaurant-juliette.de | Straßenbahn 92 | Bus 694, 695, 697*

Speckers Landhaus (119 E1) *(Ⓜ F4)*
In dem kleinen Landhaus kocht Familie Specker feine, mitunter auch deftige Gerichte. Alles ist selbst gemacht, die Zutaten stammen von kleinen Erzeugern aus dem Umland. *Hauptgerichte ab 20 Euro | So/Mo geschl. | Jägerallee 13 | Tel. 0331 2 80 43 11 | www.speckers.de | Bus 692, 695*

Tgl. | Jägerstr. 10/Gutenbergstraße | Tel. 0331 74 03 68 78 | www.brasserie-zu-gutenberg.de | Straßenbahn 92, 96

DRACHENHAUS ★

(122 B2) (*D5*)

Intime Atmosphäre in einer Pagode. Die Küche verarbeitet vorwiegend regionale, naturbelassene Produkte, die Torten und Kuchen vom Blech kommen aus der hauseigenen Bäckerei. Ein Genuss ist das INSIDER TIPP Bioeis aus hochwertigen natürlichen Rohstoffen, es wird in einer kleinen Manufaktur in der Uckermark in alter Handwerkstechnik hergestellt. *Tgl., Nov.–März Mo geschl. | Maulbeerallee 4a | Tel. 0331 5 05 38 08 | www.drachenhaus.de | Bus 695*

FROSCHKASTEN (119 D3) (*F6*)

Viele Deko-Frösche zieren den Gastraum einer der ältesten Potsdamer Gaststätten. Es erwarten Sie traditionelle Berliner Küche und Fischspezialitäten. *Tgl. | Kiezstr. 3/4 | Tel. 0331 29 13 15 | www.froschkasten.de | Bus 606*

KLOSTERKELLER

(119 E2) (*F5*)

Hausgemachte, regionale Spezialitäten im historischen Ambiente, Weine aus aller Welt. Durch die zentrale Lage oft gut besucht. *Tgl. | Friedrich-Ebert-Str. 94 | Tel. 0331 29 12 18 | www.klosterkeller-potsdam.de | Straßenbahn 92, 96*

QUENDEL (123 E5) (*E6*)

Das Küchenteam hat sich der bewussten Esskultur verschrieben und überzeugt mit ehrlicher, frischer Küche, die immer neue Überraschungen und Gaumenfreuden bereithält. Di–Fr kosten die Tagesgerichte ab 7,50 Euro. *Mo geschl. | Sellostr. 15a | Tel. 0331 95 14 01 88 | www.quendel-potsdam.de | Straßenbahn 91, 94, 98*

Schon das Zuschauen beim Kochen ist im Maison Charlotte köstlich

RUSSISCHES RESTAURANT & TEESTUBE (115 E5–6) (*F4*)

Gastlichkeit in einem typisch russischen Holzhaus in Alexandrowka: Es gibt Borschtsch, Soljanka, Piroggen, Blini und weitere deftig-leckere INSIDER TIPP Spezialitäten aus Russland sowie hauseigene Teemischungen aus dem Samowar. Auch die Getränke wie Kwas, Moosbeerensaft, Bier und Wein kommen original aus Russland. *Mo geschl. | Alexandrowka 1 | Tel. 0331 2 00 64 78 | www.sakuska.de | Straßenbahn 92, 96*

SPEZIALITÄTEN

Aal grün – zerteilter und in Brühe gekochter Aal, serviert in einer mit saurer Sahne und gehackten Kräutern zubereiteten Sauce; dazu gehört Gurkensalat
Buletten – Hackfleischbällchen, anderswo Frikadellen genannt (Foto li.)
Eier-Spargel-Salat – Eierscheiben, kleine Spargelstücke, Zwiebelringe und Mandarinen in einer würzigen Sauce; dazu gibt es Bauernbrot und Tomaten
Eisbein – gepökelte, portionierte Schweinehaxe, serviert mit Sauerkraut, Erbsenpüree und Kartoffeln
Gedünsteter Hecht mit Meerrettich – Scheiben vom Hecht mit einer aus dem Fischsud hergestellten Meerrettichsauce, mit Petersilienkartoffeln gereicht
Gefüllte Schmorgurke – mit Gehacktem gefüllte Gurkenhälfte, in siedender Brühe glasig geschmort
Gratinierte Spargel-Eierkuchen – mit Spargel gefüllter Pfannkuchen, gratiniert mit Käse und Eigelb-Sahne-Sauce
Gurkenauflauf – geschälte Gurkenwürfel, in eine Auflaufform mit Tomaten- und Eischeiben geschichtet; goldgelb überbacken mit Semmelbröseln und geriebenem Käse
Gurkenpilze – mit Eier-Radieschen-Masse gefüllte, ausgehöhlte Gurke
Havelzanderschnitte Müllerinart – goldgelb gebratene, mit Zitronenscheiben angerichtete Zanderscheiben, die mit dem Bratfett, Kartoffeln und frischem Salat gereicht werden (Foto re.)
Kartoffelsuppe – gern serviert mit einer Bockwurst, saurer Sahne und gerösteten Weißbrotwürfeln
Käsekuchen – die Berliner sagen zu Quark meist Käse, was viele Potsdamer übernommen haben; so befindet sich auf dem Hefeteig eine schmackhafte Quarkmasse
Märkischer Schmorbraten – geschmortes Rindfleisch, dessen Sauce mit saurer Sahne und Senf zubereitet wird

SCHMIEDE 9 (119 E3) *(🕮 F6)*
Mediterrane, saisonal geprägte Gerichte werden in der ehemaligen Schmiede des Kutschstalls in der INSIDER TIPP offenen Showküche zubereitet. *Tgl. | Am Neuen Markt 9a/b | Tel. 0331 9510585 | www.kutschstall.de | Bus 606*

ZUM FLIEGENDEN HOLLÄNDER
(119 E2) *(🕮 G5)*
Mit der Rekonstruktion der historischen Gaststätte von 1883 wurde ein Stück Potsdamer Stadtgeschichte wiederbelebt. Ein gemütlicher Tresen und fünf Gasträume auf zwei Etagen. Auf den

Tisch kommen vor allem verfeinerte märkische Gerichte und gepflegte Biere. *Tgl. | Benkertstr. 5 | Tel. 0331 2750 30 | www.zum-fliegenden-hollaender.de | Straßenbahn 92, 96*

ZUR HISTORISCHEN MÜHLE

(123 E3) *(🕮 E5)*

Das traditionelle Ausflugslokal in unmittelbarer Nähe von Schloss Sanssouci hat Mövenpick neu belebt. Im angebauten gläsernen Palmengarten, im Café der Sommerterrasse oder im Biergarten erwartet Sie feine deutsche und Schweizer Küche. *Tgl. | Zur Historischen Mühle 2 | Tel. 0331 28 14 93 | www.moevenpick-restaurants.com | Bus 695*

RESTAURANTS €

CRÊPERIE LA MADELEINE

(119 D2) *(🕮 F5)*

Très chic, très français: Hier kommt Frankreich-Feeling auf. Herzhafte Galettes aus Buchweizen-, süße Crêpes aus Weizenmehl, gefüllt mit allem, was das Herz begehrt. *Tgl. | Lindenstr. 9 | Tel. 0331 2 70 54 00 | www.creperie-potsdam.de | Bus 692*

EMILS UNIKUM

(118 A2) *(🕮 C5)*

Lokale Gerichte und Snacks nicht weit vom Park Sanssouci. Freitags ab 18 Uhr gibt es Essen vom heißen Stein, verschiedene Fleischsorten, Garnelenspieße gegrillt, dazu gute Saucen und Baguette. *Tgl. | Kaiser-Friedrich-Str. 2 | Tel. 0331 50 04 99 | www.onkel-emil.de | Bus 605, 606*

MEIEREI IM NEUEN GARTEN ★

(115 F4) *(🕮 G2)*

Die Gasthausbrauerei direkt am Jungfernsee ist Potsdams beliebtester Biergarten. In den kupfernen Braukesseln werden das *„Meierei hell"*, ein naturtrübes helles Bier, und ein INSIDER TIPP alle vier Wochen wechselndes Spezialbier gebraut. Empfehlenswerte Gerichte dazu sind Bratwurstschnecke in Biersauce mit Stampfkartoffeln und Sauerkraut. *Mo geschl. | Im Neuen Garten 10 | Tel. 0331 7 04 32 11 | www.meierei-potsdam.de | Bus 603*

SAGAR

(118 A2) *(🕮 C5)*

Lust auf etwas Exotisches? Dann probieren Sie hier mal die Spezialitäten aus Indien und Singapur. Alle Gerichte werden frisch zubereitet und sind dem europäischen Gaumen angepasst. Wer es etwas pikanter liebt, bestellt „extra scharf"! *Tgl. | Kaiser-Friedrich-Str. 2 | Tel. 0331 50 04 99 | www.sagar-restaurant.de | Bus 605, 606*

LOW BUDG€T

Linsen-, Fisch- oder Kartoffelsuppe, die Alternative für den kleinen Hunger zwischendurch: Bis zu sechs verschiedene Suppen werden im *Soup Bistro* **(119 E2)** ***(🕮 F5)*** *(Mo–Fr | Gutenbergstr. 22 | Tel. 0331 2 01 16 11)* frisch gekocht, und das zu moderaten Preisen ab 3,50 Euro.

Im *Bistro der IHK Potsdam* **(119 E3)** ***(🕮 F6)*** *(Breite Str. 2a | Tel. 0331 2 78 64 66 | www.essenzzeit.de)* können nicht nur Mitarbeiter in der Woche relativ preiswert Mittag essen. Zur Wahl stehen vier Gerichte, darunter immer eine Suppe oder ein Eintopf sowie ein vegetarisches Gericht. Die Preise für Gäste der IHK liegen zwischen 2,50 und 4,10 Euro.

EINKAUFEN

„Broadway" nennen die Potsdamer gern und mit Augenzwinkern die Brandenburger Straße (119 D–E2) *(🗺 F5)*, **ihre Bummel- und Shoppingmeile, die weniger von großen Kaufhäusern als von kleinen Geschäften in barocken Häusern geprägt ist.**

Werfen Sie unbedingt auch einen Blick in die Nebenstraßen. In den dazwischenliegenden Innenhöfen wie *Luisenforum*, *Lindenhof* oder *Hofgarten-Karree* werden Sie so manche Entdeckung machen. Am Ende der Brandenburger Straße laufen Sie nur über die Friedrich-Ebert-Straße und sind im *Holländischen Viertel* (119 E2) *(🗺 G5)* mit seinen vielen kleinen Geschäften, die im Sommer einen Teil ihres Angebots auf dem Gehweg präsentieren.

BIOPRODUKTE & REGIONALES

BIO-BACKHAUS (119 E2) *(🗺 F5)*

Die Rohstoffe für die leckeren Backwaren kommen aus kontrolliert biologischem Anbau. *Friedrich-Ebert-Str. 87 | www.dasbiobackhaus.de | Straßenbahn 92, 96*

BIO COMPANY (119 E2) *(🗺 F5)*

Bioprodukte und Naturkosmetik von Bauern und Handwerksbetrieben aus der Region. *Gutenbergstr. 20–22 | www.biocompany.de | Straßenbahn 92, 96*

KRONGUT BORNSTEDT ★ (123 D2) *(🗺 D4)*

Viele der im Angebot befindlichen landestypischen Produkte werden auf dem

Bild: Shoppen im Holländischen Viertel

Shopping in hübschen Innenhöfen: Zahlreiche Geschäfte verstecken sich in der City hinter Toreinfahrten

Hohenzollern-Mustergut selbst produziert, Braunbier, Kommissbrot, aber auch Keramiken und Handgewebtes. *Ribbeckstr. 6/7 | www.krongut-bornstedt.de | Straßenbahn 92 | Bus 692*

GALERIEN

GALERIE ALBERT BAAKE

(119 E2) (*🕮 G5*)

Prominente Künstler wie Udo Lindenberg, Frank Zander oder Elvira Bach stellen in der Galerie auf drei Etagen aus. Weiterhin eine große Auswahl an Bildern der Pop-Artisten Devin Miles und Sebastian Krüger. *Di geschl. | Mittelstr. 30 | www.albert-baake.de | Straßenbahn 92, 96*

KUNSTHAUS PETER KURGAN

(119 E2) (*🕮 G5*)

Die besondere Spezialität von Peter Kurgan sind Wüstensandbilder. 40 verschiedene Sandsorten aus unterschiedlichen Wüsten und Erdteilen und eine besondere Brenntechnik setzt er dafür ein, um ein faszinierendes, einmaliges Bild zu er-

Spreewaldgurken und vieles mehr gibt es samstags auf dem Bauernmarkt am Weberplatz

halten. *Tgl. | Mittelstr. 34 | www.galerie-peter-kurgan.de | Straßenbahn 92, 96*

KERAMIK

KÖNIGSBLAU KERAMIK

(119 E2) (*🕮 G5*)

Aus dem Fläming-Dorf Schmerwitz kommen die schönen handgetöpferten und bemalten Gefäße. *Mittelstr. 7 | www.koenigsblau-schmerwitz.de | Straßenbahn 92, 96*

MÄRKTE

BAUERNMARKT AUF DEM WEBERPLATZ (120 C3) (*🕮 J6*)

Wer Shopping unter freiem Himmel mag, frische Produkte oder auch nur Krimskrams sucht, der eilt samstags 7–13 Uhr zum Babelsberger Weberplatz. *Straßenbahn 94, 99 | Bus 694*

POTSDAMER WOCHENMARKT

(119 F2) (*🕮 G5*)

Bei den Händlern auf dem Bassinplatz finden Sie vor allem frisches Obst und Gemüse, vieles aus dem Havelland. *Mo–Fr 7–16, Sa 7–13 Uhr | Straßenbahn 92, 96*

SCHMUCK & DESIGN

INSIDER TIPP GENNA D'ORO

(119 D2) (*🕮 F5*)

Unkonventionelle Goldschmiede und Café mit italienischen Leckereien in einem. Sie schauen zu, wie der Unikatschmuck – auch nach Ihren Wünschen – gefertigt wird. Beliebt sind auch die Schmuckworkshops, in denen Sie selbst Ihr Schmuckstück kreieren können. *Mo geschl. | Hermann-Elflein-Str. 8–9 | Straßenbahn 91, 94, 98 | Bus 606, 692*

PERLENTAUCHER (119 E2) (*🕮 G5*)

Hier werden Sie zum Schatzsucher: Perlen jeder Größe und Couleur sowie Schmuckzubehör für Ihre individuellen Kreationen, ebenso eine Auswahl an Art-déco-Schmuck. Oder Sie lernen in einem der Kurse, wie Sie sich Ihren Lieblingsschmuck selbst herstellen. *Benkertstr. 9 | www.perlentaucher-potsdam.de | Straßenbahn 92, 96*

SPEZIALITÄTEN

ALTES POTSDAMER TEE- & GEWÜRZKONTOR (119 D3) (*🕮 F5*)

Honig aus aller Welt, italienische Basilikumsauce, orientalische Gewürze, französischer Senf, über 300 Teesorten und vieles mehr. *Brandenburger Str. 11 | www.teekoch.de | Straßenbahn 94, 96 | Bus 695*

CONFISERIE FELICITAS ★ ● (119 D3) (*🕮 F5*)

Wer kann dem verführerischen Duft der exklusiven Schokoladen und Pralinés widerstehen? Ein Großteil der Tafelschokolade ist in Bioqualität, ob Kakaobohnen, Zucker oder Milch, jede einzelne Zutat kommt aus biologischer Landwirtschaft. INSIDER TIPP In der Bioschokoladenmanufaktur können Sie zuschauen, wie die Köstlichkeiten entstehen. *Gutenbergstr. 26 | www.confiserie-felicitas.de | Straßenbahn 92, 96 | Bus 695*

GÖTZ + GÖTZ (119 E2) (*🕮 F5*)

Eine wahre Fundgrube für Teeliebhaber: eine Riesenauswahl an hochwertigen Tees aus der ganzen Welt, edler Schokoladen, Pralinen und Gebäck. Gönnen Sie sich eine kleine Pause bei einer Tasse Tee im gemütlichen INSIDER TIPP Teesalon! *Gutenbergstr. 98 | www.goetz-goetz.de | Straßenbahn 92, 96 | Bus 695*

SENF ELFEN FEINKOST (119 D2) (*🕮 F5*)

Die „Senf-Elfen" der Senfmanufaktur produzieren verschiedene Sorten von mild bis feurig-scharf, ganz ohne künstliche Zusatzstoffe in alter Handwerkstradition und aus regionalen Produkten. Weiterhin gibt es Essig, Öle, Gewürze, Liköre, Aufstriche und leckere Chutneys. *Hermann-Elflein-Str. 11 | www.senf-elfen.de | Straßenbahn 91, 94, 98 | Bus 606, 692*

LOW BUDG€T

In der gläsernen Fabrik von *Katjes* **(121 E5) (*🕮 L7*)** *(Mo–Fr 10–18, Sa 10–16 Uhr | Wetzlarer Str. 96–106 | www.katjes.de)* können Sie bei der Produktion zusehen. Danach geht's zum Werksverkauf – hier gibt es alle Katjes-Produkte günstig zu kaufen.

Jedes Buch kostet nur 3 Euro im *Antiquariat Bücherfundgrube* **(119 D3) (*🕮 F5*)** *(Brandenburger Str. 68)* und 1 Euro in der *Hermann-Elflein-Str. 21* **(119 D3) (*🕮 F5*)** *(im Lindenhof)*.

VANILLE & KORIANDER (119 E2) (*🕮 F5*)

Feinkostgeschäft mit hausgemachten Produkten aus frischen Zutaten wie Pasta, sortenreinen italienischen und griechischen Olivenölen, Konfitüren, Gewürzen, Weinen und Bränden sowie Küchenaccessoires und allem, was zu einem schön gedeckten Tisch gehört. Auch INSIDER TIPP Kochkurse zur Zubereitung von Fingerfood, Pasta, Fisch oder Mousse (Online-Anmeldung!). *Mo geschl. | Gutenbergstr. 28 | www.vanilleundkoriander.de | Straßenbahn 92, 96*

MARCO POLO HIGHLIGHTS

★ **Krongut Bornstedt**
Regionalprodukte: Das Angebot reicht vom Brot über Bier bis zu Keramiken und Glas → S. 68

★ **Confiserie Felicitas**
Handgefertigte Schokoladen und Pralinen, vieles in Bioqualität → S. 71

AM ABEND

Aus rund 1000 Veranstaltungen pro Jahr können Sie wählen – dabei bietet die Stadt jedem etwas, dem Nachtschwärmer ebenso wie dem Kulturgourmet.

Potsdams Kunst- und Kulturszene trifft sich seit Kurzem in der *Schiffbauergasse*. Hier, am Ufer des Tiefen Sees, entstand der neueste Kulturstandort der Stadt. Reggae, Elektro, Hip-Hop, Nachwuchsband oder Superstar, das Programm im *Waschhaus* ist vielfältig. Dazu kommen Partys bis in die frühen Morgenstunden. Wer für das Waschhaus keine Karten mehr bekommt, der braucht nur um die Ecke zu gehen, trendige Locations gibt es genug, besonders im Holländischen Viertel.

Zum Wahrzeichen der Schiffbauergasse wurde das *Hans-Otto-Theater* mit seinem breit gefächerten Spielplan und der eigenwilligen muschelartigen Überdachung von Zuschauer- und Foyerbereich. Das *Neue Theater* gehört zu Deutschlands modernsten Spielstätten, das *Schlosstheater* im Neuen Palais dagegen zu den schönsten historischen Theatern Europas. Mit dem *Nikolaisaal* besitzt Potsdam auch eine hervorragende Stätte für Konzerte.

BARS

BAROMETER (119 D2) (*🕮 F5*)
Gute Cocktails in einem versteckten Kellergewölbe im Hinterhof. Die Karte umfasst rund 180 verschiedene Drinks. *So geschl. | Gutenbergstr. 103 | Straßenbahn 92, 96 | Bus 609, 692*

Kultur querbeet: Theater, Kabarett und Schlosskonzerte, aber auch Bars und Szenekultur machen Potsdams Nächte attraktiv

CLUB LAGUNA (119 E2) (🕮 F5)
Angesagte Tanzbar im Lounge-Charakter, INSIDER TIPP freitags meist „20th Century Pop", die Hits der 1970–90er. *Friedrich-Ebert-Str. 34 | www.clublaguna-potsdam.de | Straßenbahn 92, 96 | Bus 609, 695*

DISKOS & LIVEMUSIK

CLÄRCHENS TANZCAFÉ (121 E5) (🕮 L7)
Zwei Tanzflächen, drei Bars: Freitags und samstags ab 21.30 Uhr wird bis in den frühen Morgen gefeiert, auch für etwas „ältere Semester". *Großbeerenstr. 123–135 | www.clärchens.de | Bus 601, 690*

GUTENBERG 100 (119 E2) (🕮 G5)
Beliebte Musikkneipe im Holländischen Viertel, Kult sind die INSIDER TIPP Karaokepartys. *Do–So ab 20 Uhr | Kurfürstenstr. 52 | www.gutenberg100.de | Straßenbahn 92, 96 | Bus 609, 692*

WASCHHAUS ★ (120 A2) (🕮 H5)
Kulturelle Vielfalt und Trendsetting in einer alten Militärwäscherei: Die Musikpa-

lette reicht von Rock/Pop über Ethno und Jazz bis Klassik. Auch Veranstaltungen zu Film, Literatur, bildender Kunst und Tanz. *Schiffbauergasse 6 | www.waschhaus.de | Straßenbahn 93, 94, 99*

KABARETT

KABARETT OBELISK POTSDAM
(119 E3) *(F5)*
Lachmuskelkater garantiert: Die satirisch-ironischen Programme nehmen den ganz normalen Alltag sowie die aktuelle Politik und Geschichte auf die Schippe. *Charlottenstr. 31 | Tel. 0331 29 10 69 | www.kabarett-potsdam.de | Straßenbahn 91, 94, 98*

KINO

FILMMUSEUM (119 E3) *(G6)*
Das museumseigene Kino mit moderner Vorführ- und Tontechnik und bequemen Sesseln im Marstall zeigt Glanzstücke der Weltfilmproduktion. Programm unter *www.filmmuseum-potsdam.de. Mo geschl. | Schloßstr. 1 | Tel. 0331 27 18 10 | Straßenbahn 91, 92, 93, 96, 98, 99*

THALIA KINOS BABELSBERG
(120 C4) *(J6)*
Das Programmkino zeigt einen Querschnitt von Filmkunst und Familienkino, der sich auch in verschiedenen Filmreihen wie „Film zum Sonntag" oder die Dokumentarfilmreihe „Leben live" manifestiert. *Rudolf-Breitscheid-Str. 50 | Tel. 0331 7 43 70 20 | www.thalia-potsdam.de | Straßenbahn 94, 99 | Bus 690, 693, 694 | S-Bahn 7*

KNEIPEN

HOHLE BIRNE (119 E2) *(G5)*
Bier- und Weinetablissement mit gemütlicher Atmosphäre mitten im Holländischen Viertel. Deftige deutsche Küche und mehr als 40 Biersorten, viele vom Fass. *Tgl. | Mittelstr. 19 | www.hohle-birne.de | Straßenbahn 92, 96 | Bus 609, 692*

WASCHBAR (118 C3) *(E6)*
Kneipe, Waschsalon, Bar und Kulturort in einem. Geboten werden kleines Theater, Musik und Livebands. *Tgl. | Geschwister-Scholl-Str. 82 | www.waschbar-pdm.de | Straßenbahn 91, 94, 98*

KONZERTE

NIKOLAISAAL POTSDAM
(119 E3) *(F5)*
Das Konzert- und Veranstaltungshaus der Landeshauptstadt mit vielseitigem und anspruchsvollem Musikprogramm. Der futuristische Saal kontrastiert mit der barocken Fassade des Hauses. Aber nicht nur die Optik, auch die Akustik ist bemerkenswert. *Wilhelm-Staab-Str. 10/11 | Tel. 0331 2 88 88 28 | www.nikolaisaal.de | Straßenbahn 91, 92, 94, 96, 98, 99*

LOW BUDG€T

Die leckeren Gerichte – Pasta, Burger, Salate, Geflügel – kosten in der Hinterhofkneipe *Hafthorn* **(119 E2)** ***(F5)*** *(tgl. ab 18 Uhr | Friedrich-Ebert-Str. 90 | Tel. 0331 2 80 08 20 | www.hafthorn.de)* nur 4–8 Euro. Dazu oft kostenlos Livemusik.

Sparfüchse gehen am Donnerstagabend in eine Vorstellung des *Kabaretts Obelisk*! Das Ticket kostet dann lediglich 13 Euro, Dienstag, Mittwoch und Sonntag dagegen 17 Euro, am Freitag und Samstag sogar 20 Euro. *www.kabarett-potsdam.de*

Potsdams neuer Renommierbau: das Hans-Otto-Theater mit einem vielseitigen Spielplan

THEATER

INSIDER TIPP FABRIK POTSDAM
(120 A2) (*H5*)
Tanz sehen, verstehen und selber tanzen: Das Internationale Zentrum für Tanz und Bewegungskunst bietet Aufführungen von jungen Tänzern, Inszenierungen internationaler Choreografen, Produktionen der Fabrik-Company und die *Potsdamer Tanztage. Schiffbauergasse 1 | Tel. 0331 2800314 | www.fabrikpotsdam.de | Straßenbahn 93, 94, 99*

HANS-OTTO-THEATER ★
(120 A2) (*H5*)
Im futuristisch anmutenden *Neuen Theater* am Tiefen See werden klassische und zeitgenössische Stücke gespielt. Weitere Spielstätten: Im wunderschön-barocken und original restaurierten *Schlosstheater* (122 A4) (*E5*) *(Bus 605, 695 | zzt. wegen Sanierung geschlossen)* im Neuen Palais beeindruckt auch die historische Rokokokulisse. Die *Reithalle A (Berliner Str. 27a)* widmet sich insbesondere dem Jungen Theater. *Schiffbauergasse 11 | Tel. 0331 98118 | www.hansottotheater.de | Straßenbahn 93, 94, 99*

THEATERSCHIFF ● (120 A2) (*H5*)
Theater, aber auch Kabarett, Musik und Kino auf einem ausgedienten Lastkahn. Die Schiffskneipe ist an allen Spieltagen geöffnet, Do ab 19 Uhr gibt's Livemusik. *Schiffbauergasse 9b | Tel. 0331 2800100 | www.theaterschiff-potsdam.de | Straßenbahn 93, 94, 99*

T-WERK (120 A2) (*H5*)
Schauspiel, Musik- und Maskentheater, Konzerte, Lesungen, Workshops: Das generationenübergreifende Theater bietet ein unkonventionelles Programm. *Schiffbauergasse 4e | Tel. 0331 719139 | www.t-werk.de | Straßenbahn 93, 94, 99 | Bus N 16*

MARCO POLO HIGHLIGHTS

★ Waschhaus
Vielseitiges Programm mit Livemusik und multikulturellen Events → S. 73

★ Hans-Otto-Theater
Markante Architektur und leistungsstarkes Ensemble → S. 75

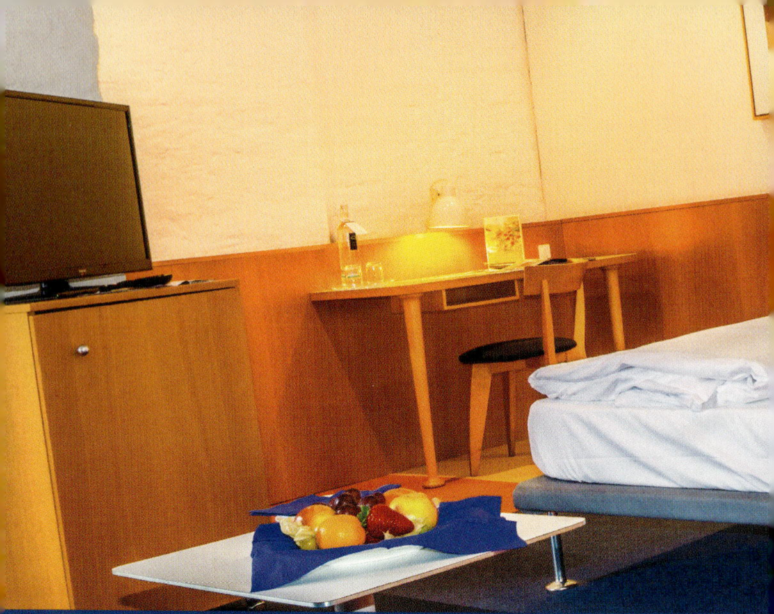

ÜBERNACHTEN

Unter den gegenwärtig fast 5000 Hotelbetten in Potsdam ist für jeden Preis und für jeden Geschmack etwas zu finden. Die Palette reicht vom Luxushotel, zahlreichen Vier- und Drei-Sterne-Hotels, Frühstückshotels, netten Pensionen bis hin zum einfachen Bett in der Jugendherberge oder dem Hostel. Auch Ferienwohnungen und Unterkünfte in Privatquartieren sind vorhanden. Während das Relais & Châteaux Hotel Bayrisches Haus als eine Oase von Ruhe und Luxus in privater Atmosphäre hervorsticht, lautet die Philosophie des Steigenberger Hotels dagegen: Vergessen Sie Krawatte und Kragen! Das dortige Ambiente des Amerikas der 1930er- und 50er-Jahre soll Ihnen ein lässiges Lebensgefühl vermitteln. Nicht wenige Postdambesucher quartieren sich in einem Haus in der reizvollen Seen- und Waldumgebung ein. Die Hotels und Pensionen dort bieten ebenfalls viel Komfort, sind aber fast immer preiswerter als ein Stadthotel.

Die Stadt Potsdam erhebt neuerdings eine sogenannte Citytax. Der privat Reisende zahlt dafür zusätzlich 5 Prozent des Nettoübernachtungspreises.

HOTELS €€€

AM LUISENPLATZ ★ (119 D3) (*F5*)
Kleines, feines, privat geführtes Hotel mit 38 elegant eingerichteten Zimmern und Suiten sowie einem auffallend herzlichen Service. *Luisenplatz 5 | Tel. 0331 97 19 00 | www.hotel-luisenplatz.de | Straßenbahn 91, 94, 98*

Bild: Arcona Hotel am Havelufer

Luxusherberge oder schlichte Pension? Herzliche Gastgeber erwarten Sie in Hotels, Pensionen und Ferienwohnungen

ARCONA HOTEL AM HAVELUFER ★ (118 B5) (*E7*)
Historisches vereint sich mit Modernem: Der denkmalgeschützte, von Ludwig Persius errichtete Proviantspeicher und ein großer moderner Anbau von 1995 bilden ein Hotelensemble direkt am Ufer der Havel. Von zahlreichen Zimmern in kräftiger Farbgestaltung haben Sie einen wunderschönen Blick auf den Fluss. *123 Zi. | Zeppelinstr. 136 | Tel. 0331 98150 | www.potsdam.arcona.de | Straßenbahn 91, 94, 98*

AVENDI HOTEL AM GRIEBNITZSEE (121 F3) (*M5*)
Hell und freundlich, direkt am Griebnitzsee. Ruhig und mit schönerem Blick wohnen Sie auf der etwas teureren Seeseite. Eigener Bootsanleger. *87 Zi. | Rudolf-Breitscheid-Str. 190 | Tel. 0331 70910 | www.avendi.de/griebnitzsee | Bus 694 | S-Bahn 7*

DORINT SANSSOUCI (119 D–E1) (*F4*)
Angenehmes Hotel gegenüber der Russischen Kolonie Alexandrowka, das höchs-

Individuell, farbenfroh und geräumig: Das Kleine Apartmenthotel

ten Ansprüchen genügt. Mit großer Wellnesslandschaft. *291 Zi. | Jägerallee 20 | Tel. 0331 2740 | hotel-potsdam.dorint.com | Bus 692, 695*

INSELHOTEL HERMANNSWERDER

(118 C5) (*E8*)

Privat geführtes Haus in idyllischer Lage auf einer Halbinsel im Templiner See. Spa- und Wellnesscenter *Aquamarin* mit Seesauna, Außenpool und Salzgrotte, Seeterrasse, eigener Schiffsanlegestelle, Yachthafen und Badesteg. *88 Zi. | Hermannswerder 30 | Tel. 0331 2 32 00 | www.inselhotel-potsdam.de | Bus 693*

SEMINARIS SEEHOTEL POTSDAM

(125 D4) (*O*)

First-Class-Hotel im Wald und am Templiner See; Wellnessbereich mit Pool, Sportmöglichkeiten im und am Wasser, Fahrradverleih, Schiffsanleger und Wassertaxihaltestelle. *225 Zi. | An der Pirschheide 40 | Tel. 0331 9 09 00 | www.seminaris.de/potsdam | Straßenbahn 91, 98 | Bus 695*

STEIGENBERGER HOTEL SANSSOUCI

(119 D2) (*E5*)

Im angloamerikanischen Flair der 1930er- bis 50er-Jahre. Fotos erinnern an die große Zeit des Kinos, jedoch nicht an Hollywood, sondern an Ufa- und Defa-Zeiten. *137 Zi., teils mit Terrasse | Allee nach Sanssouci 1 | Tel. 0331 9 09 10 | www.steigenberger.com/potsdam | Straßenbahn 91, 94, 98*

HOTELS €€

ALTSTADT HOTEL (119 E2) (*F5*)

Mitten im Stadtgeschehen: Familiär geführtes Haus mit komfortablen, freundlich eingerichteten Zimmern. *42 Zi. | Dortustr. 9–10 | Tel. 0331 28 49 90 | www.altstadt-hotel-potsdam.de | Straßenbahn 91, 94, 98*

ASCOT BRISTOL (125 E4) (*O*)

Moderne, große Zimmer mit wohnlicher Atmosphäre. Das Hotel und fast die Hälfte der Zimmer sind barrierefrei. Regionale und leichte mediterrane Küche im

Restaurant *Journal*. *94 Zi. | Asta-Nielsen-Str. 2 | Tel. 0331 66910 | www.hotel-ascot-bristol.de | Straßenbahn 92, 96, 99, 98 | Bus 693*

DAS KLEINE APARTMENTHOTEL
(119 E2) (*G5*)
INSIDER TIPP Wohnen im Holländischen Viertel in zwölf Apartments mit komplett ausgestatteter Küchenzeile. Ein kleiner Innenhof lädt zum Entspannen ein. Auch Fahrräder stehen zur Verfügung. *Kurfürstenstr. 15 | Tel. 0331 279110 | www.hollaenderhaus.potsdam.de | Straßenbahn 92, 96 | Bus 609, 692*

HOTEL AM GROSSEN WAISENHAUS
(119 D3) (*F6*)
Die historische „Kaserne für Beweibte" ist ein modernes Hotel geworden, die Zimmer von unterschiedlicher Größe und Ausstattung, auch „Quartiere" genannt, sind auf drei Etagen verteilt – teils mit alten Holzdielen. *33 Zi. | Lindenstr. 28–29 | Tel. 0311 60107 80 | www.hotelwaisenhaus.de | Straßenbahn 91, 92, 98*

HOTEL & APARTMENTHAUS ZUM HOFMALER (119 E2) (*G5*)
In einem Holländerhaus von 1740 – dem ehemaligen Domizil des Hofmalers von Friedrich dem Großen – erwartet Sie moderner Komfort. Einige Häuser weiter auch 6 Apartments für einen längeren Aufenthalt. *18 Zi. | Gutenbergstr. 73 und 78 | Tel. 0331 730760 | www.hofmaler-hotel-potsdam.de | Straßenbahn 92, 96*

LANDHOTEL POTSDAM (124 C3) (*O*)
Hotel am Stadtrand, rund 3 km vom Park Sanssouci entfernt, mit Wellnessoase, Kosmetik- und Massageangebot. *58 Zi. | Reiherbergstr. 33 | Golm | Tel. 0331 601190 | www.landhotel-potsdam.de | Bus 606*

LOW BUDG€T

Buchen Sie *Potsdam à la Card*, erhalten Sie vergünstigte Übernachtungen samt *Potsdam & Berlin Welcome-Card ABC* zur freien Nutzung des öffentlichen Nahverkehrs in Potsdam und Berlin sowie eine Altstadtführung. *www.potsdam-ala-card.de*

Zahlreiche Potsdamer Hotels bieten beim *Winter-Special* von November bis März (außer Weihnachten und Neujahr) Doppelzimmer mit Frühstück für 65 bzw. 79 Euro (sonst 75–95 bzw. ab 99 Euro) an. *www.potsdamtourismus.de*

NH POTSDAM (119 E2) (*F5*)
Einige der Superiorzimmer und der Suiten des zentral gelegenen Hotels sind im historischen Brühl-Palais-Flügel untergebracht. Vom kleinen Wellnessbereich

MARCO POLO HIGHLIGHTS

★ **Am Luisenplatz**
Elegantes Hotel mit Wohlfühlzimmern und einem herzlichen Service → S. 76

★ **Arcona Hotel Am Havelufer**
Ein alter Getreidespeicher mit modernem Design und phantastischer Lage → S. 77

★ **Schiffspension Luise**
Auf dem Wasser des Tiefen Sees die Nacht verbringen → S. 80

★ **Schlossgarten Hotel**
Charmantes, kleines Hotel garni am Park Sanssouci → S. 80

haben Sie Zugang zur großen Dachterrasse mit einem tollen Blick auf Potsdam. *143 Zi. | Friedrich-Ebert-Str. 88 | Tel. 0331 2 31 70 | www.nh-hotels.com | Straßenbahn 92, 96*

SCHIFFSPENSION LUISE ★

(116 B6) *(H4)*

Ein alter Transportkahn am Ufer des Tiefen Sees wurde in die schmucke Schiffspension verwandelt. Größe und Komfort der fünf Kajüten sind je nach Lage relativ unterschiedlich. *Berliner Str. 58 | Tel. 0331 24 02 22 | www.schiffspension.de | Straßenbahn 93*

SCHLOSSGARTEN HOTEL ★

(118 A4) *(D6)*

Romantisches kleines Hotel in einem ruhigen Villenviertel vis-à-vis vom Park Sanssouci gelegen. Ob Bordüren-, Purpur- oder Wildrosenzimmer, alle sind individuell gestaltet und sorgen für ein angenehm-harmonisches Ambiente zum Wohlfühlen. *17 Zi. | Geschwister-Scholl-Str. 41a | Tel. 0331 97 17 00 | www.schlossgartenhotel-potsdam.de | Bus 606*

WYNDHAM GARDEN POTSDAM HOTEL

(118 A4) *(C6)*

Wer es etwas ruhiger mag, ist hier richtig: Das Vier-Sterne-Haus mit modern ausgestatteten Zimmern und WLAN gratis liegt nah am Park Sanssouci und dem Neuen Palais. *91 Zi. | Forststr. 80 | Tel. 0331 9 81 20 | www.wyndhamgardenpotsdam.com | Bus 695*

HOTELS/PENSIONEN €

AM KATHARINENHOLZ

(114 A4) *(C4)*

Modernes, freundliches Haus nahe dem Park Sanssouci. Die Zimmer verfügen über Terrasse oder Balkon mit Blick ins Grüne. *16 Zi. | Amundsenstr. 24d | Tel. 0331 24 34 80 40 | www.hotel-katharinenholz.de | Bus 612, 614, 692*

LUXUSHOTELS

Bayrisches Haus (118 C4) ***(C6)***
Die eleganten Zimmer und Suiten verteilen sich in vier Gebäuden des zur renommierten Kette Relais & Châteaux gehörenden Hotels. Entspannung finden Sie in der unberührten Natur und im attraktiven *L'Oasis Beauty & Spa* mit Pool, Saunen und großem Wellnessangebot. *41 Zi. | ab 135 Euro | Elisenweg 2 | im Wildpark | Tel. 0331 5 50 50 | www.bayrisches-haus.de | Bus 631*

Hotel Am Jägertor (119 D2) ***(F5)***
In dem Gründerzeithaus am Jägertor, ausgestattet mit höchstem modernen Komfort, vermitteln warme Farben, feine Stoffe und edles Holz einen Hauch von Luxus. Zuvorkommender und persönlicher Service. *62 Zi. und Suiten | ab 130 Euro | Hegelallee 11 | Tel. 0331 2 01 11 00 | www.hotel-am-jaegertor.de | Straßenbahn 92, 96 | Bus 692*

Schloss Kartzow (124 C2) ***(0)***
Fühlen Sie sich wie ein Schlossherr: In einer großen Parkanlage 15 km nördlich von Potsdam erwarten Sie stilvoll-moderne Zimmer in warmen Farbtönen und ein herzlicher Service. *12 Zi. | ab 155 Euro | Kartzower Dorfstr. 16 | Kartzow | Tel. 033208 2 32 30 | www.schloss-kartzow.de*

ANNO 1900 HOTEL BABELSBERG
(121 D4) (K6)

Ein kleines, familiengeführtes Hotel in einer ruhigen Nebenstraße in schöner Villengegend. Es sind auch einfache INSIDER TIPP Backpacker-Zimmer mit Dusche/WC auf der Etage vorhanden. *22 Zi. | Stahnsdorfer Str. 68 | Tel. 0331 749010 | www.anno-1900-hotel-babelsberg.de | S-Bahn 7*

APART-PENSION BABELSBERG
(121 E2) (L5)

Das persönlich geführte Haus liegt mitten in der Villenkolonie Neu-Babelsberg. Hübscher Wellnessbereich mit Schwimmbad, Sauna, Dampfbad und Behandlungsangeboten. *15 Zi. | August-Bier-Str. 9 | Tel. 0331 747570 | www.apartpension.de | Bus 694*

FILMHOTEL LILI MARLEEN
(121 D4) (K7)

Das nostalgische Ambiente versetzt Sie in die Atmosphäre der nahe gelegenen Filmstadt Babelsberg. Mit Restaurant. *65 Zi., 2 Ap. | Großbeerenstr. 75 | Tel. 0331 743200 | www.filmhotel.potsdam.de | Bus 601 | S-Bahn 7*

HOTEL KRANICH (114 C3) (E2)

Mitten im Grünen gelegen: kleines, familiengeführtes Hotel garni in ruhiger, etwas abseitiger Lage beim Volkspark Potsdam. *19 Zi. | Kirschallee 57 | Tel. 0331 5053692 | www.hotel-kranich.de | Straßenbahn 92*

PENSION AUF DEM KIEWITT
(118 C4) (E6)

Kleine, charmante Pension, ruhig, doch zentral gelegen in einem Gründerzeithaus nicht weit weg von der Havel. *14 Zi. | Auf dem Kiewitt 8 | Tel. 0331 903678 | www.pension-auf-dem-kiewitt.de | Straßenbahn 91*

JUGENDHERBERGE/HOSTEL

JUGENDHERBERGE POTSDAM – HAUS DER JUGEND (120 C4) (J6)

Als letzte Landeshauptstadt hat Potsdam nun auch eine Jugendherberge – mit Komfort, INSIDER TIPP alle 44 Zimmer besitzen Dusche und WC. *152 Betten | Schulstr. 9 | Tel. 0331 5813100 | www.jh-potsdam.de | S-Bahn 7*

Auf dem Wasser übernachten: Schiffspension Luise

QUARTIER – HOSTEL POTSDAM
(114 B6) (D4)

Einfaches und preiswertes Wohnen in sieben Mehrbettzimmern gegenüber dem Krongut Bornstedt. Sanitäranlagen sind vom Flur zugänglich. Wer ein größeres Frühstück wünscht, nimmt es in der Hofbäckerei des Kronguts ein. *Ribbeckstr. 41 | Tel. 0331 2739939 | www.potsdam-hostel.com | Bus 606, 695*

ERLEBNISTOUREN

1 POTSDAM PERFEKT IM ÜBERBLICK

START: 1 Holländisches Viertel
ZIEL: 1 Holländisches Viertel

Strecke:
15 km

1 Tag
reine Gehzeit
3 Stunden

KOSTEN: Für 2 Personen: Tagesticket für Bus und Straßenbahn 8 Euro, Eintritte: Sanssouci+-Ticket 38 Euro, 7 **Russische Kolonie Alexandrowka** 7 Euro, 9 **Villa Schöningen** 18 Euro, Frühstück 30 Euro, **Russisches Restaurant** 25 Euro, Abendessen und Bar 70 Euro
MITNEHMEN: Bequemes Schuhwerk

ACHTUNG: Sanssouci+-Ticket für 11 Uhr im Voraus online buchen! Dies ermöglicht die Besichtigung von 6 **Schloss Sanssouci** zur Wunschzeit und den Eintritt in weitere Schlösser der Stiftung Preußische Schlösser und Gärten.
Das 2 **Café Heider** ist nur Mo–Fr geöffnet.

Städte haben viele Facetten. Wenn Sie Lust haben, diese verschiedenen Gesichter mit all ihren einzigartigen Besonderheiten zu entdecken, wenn Sie jenseits bekannter Pfade geführt oder zu grünen Oasen, ausgewählten Restaurants oder typischen Aktivitäten geleitet werden wollen, dann sind diese maßgeschneiderten Erlebnistouren genau das Richtige für Sie. Machen Sie sich auf den Weg und folgen Sie den Spuren der MARCO POLO Autoren – ganz bequem und mit der digitalen Routenführung, die Sie sich über den QR-Code auf S. 2/3 oder die URL in der Fußzeile zu jeder Tour downloaden können.

Schlösser und Parks berühmter Baumeister und Landschaftsgestalter, allen voran Schloss und Park Sanssouci, russische Holzhäuser, Weltgeschichte zum Anfassen, eine moderne Kunstszene und quirliges Treiben im Holländischen Viertel: Seien Sie neugierig auf den bunten Erlebnismix, den Ihnen diese Tagestour bietet.

08:00 Machen Sie sich im ❶ **Holländischen Viertel** → S. 33 im ❷ **Café Heider** → S. 62 fit für den Tag: mit einem reichhaltigen Frühstück und einem frisch gepressten Orangensaft. **Danach überqueren Sie die Straße und biegen rechts in Potsdams Shoppingmeile,**

❶ Holländisches Viertel

❷ Café Heider

Bild: Wiederaufgebautes Stadtschloss

❸ Brandenburger Straße

❹ Brandenburger Tor

❺ Park Sanssouci

die **❸ Brandenburger Straße → S. 68 ein.** Lassen Sie sich nicht groß von den Einkaufsmöglichkeiten verleiten, heute ist Sightseeing angesagt! **Folgen Sie der Straße bis zum wuchtigen ❹ Brandenburger Tor → S. 29. Halten Sie sich nun rechts, und Sie gelangen an das Grüne Gitter**, einen der Eingänge zum berühmten **❺ Park Sanssouci → S. 37**.

Nutzen Sie die Zeit bis zum Schlossbesuch, um durch den Park zu bummeln, die Wasserfontänen zu beobachten und dem Vogelgezwitscher zu lauschen. Linkerhand bringt die Sonne die vergoldeten lebensgroßen Figuren am **Chinesischen Haus → S. 38** zum Strahlen. Am Ende der Hauptallee in westlicher Richtung sehen Sie schon die lang gestreckte Fassade des **Neuen Palais → S. 40**. **Wieder zurück durch den Park in östliche Richtung erhebt sich links von Ihnen das Orangerieschloss → S. 41** mit den Orangerieterrassen. Sie tangieren die **Neuen Kammern → S. 42** und haben es nun endlich vor sich: **❻ Schloss Sanssouci → S. 43**, die Sommerresidenz von Friedrich dem Großen. Hier scheint sich die Welt zu treffen, und Sie sind mittendrin.

❻ Schloss Sanssouci

13:00 Nach der Besichtigung und einem abschließenden Blick vom terrassierten Weinberg des Schlosses

nehmen Sie von der Haltestelle „Schloss Sanssouci" die „Schlösser-Linie", Bus 695 oder X15, und fahren zwei Stationen bis Reiterweg/Jägerallee. Hier erwartet Sie eine Überraschung: ein kleines Stück Russland mitten in Potsdam! 13 Holzhäuser und eine Kirche bilden die 7 **Russische Kolonie Alexandrowka → S. 49**. Jetzt haben Sie sich eine Pause verdient. Genießen Sie im **Russischen Restaurant → S. 65** die INSIDER TIPP russische Sauerkrautsuppe Schtschi, Pelmeni und einen kräftigen Tee aus dem Samowar. Verpassen Sie nicht, noch einen Blick in das kleine **Museum Alexandrowka → S. 48** zu werfen. Nächstes Ziel ist der 8 **Neue Garten → S. 49**, **den Sie mit der „Cecilienhof-Linie", Bus 603, Haltestelle Glumestraße erreichen.** Das frühklassizistische **Marmorpalais → S. 50** schmiegt sich auf einer Terrassenanlage an das Seeufer. **Weiter geht es in nördliche Richtung zum Schloss Cecilienhof → S. 51**. Ehrfurchtsvoll stehen alle an diesem Ort von weltgeschichtlicher Bedeutung, denn hier handelten 1945 die damals Mächtigen die europäische Nachkriegsordnung aus.

16:00 Ein schöner Spaziergang führt **entlang des Wassers über die Schwanenbrücke und vorbei an der teilweise schon wiederhergestellten Kaiserlichen Matrosenstation → S. 58 bis zur** 9 **Villa Schöningen → S. 59**. Die multimediale Ausstellung in der schmucken Villa erinnert an die schreckliche Zeit der deutsch-deutschen Teilung. Verweilen Sie noch im angeschlossenen **Cafe** bei einer dampfenden Tasse Kaffee, bei schönem Wetter auch im gepflegten Garten. **Wenn Sie aus der Villa treten,** haben Sie die 10 **Glienicker Brücke → S. 21** vor sich, bekannt durch spektakuläre Agentenaustausche aus der Zeit des Kalten Kriegs.

18:00 **Fahren Sie nun mit der Kultur-Linie, Straßenbahn 93, vier Stationen bis zum Erlebnisviertel** 11 **Schiffbauergasse → S. 35, 72**. Hier trifft eine lebendige Kulturszene auf innovative Unternehmen. Den Mittelpunkt bildet der spektakuläre Bau des **Hans-Otto-Theaters → S. 75** am Tiefen See. **Danach geht es mit der Straßenbahn 93 zurück ins Zentrum zum** 12 **Alten Markt → S. 28** mit dem **Stadtschloss** sowie der **Nikolaikirche** **und weiter auf der Friedrich-Ebert-Straße zum** 1 **Holländischen Viertel → S. 33**, wo Sie den Abend in einem der Restaurants des Szeneviertels ausklingen lassen. Zum Absacker trifft man sich gern im Bier- und Weinlokal **Hohle Birne → S. 74**.

2 ARCHITEKTURKOPIEN AUS GANZ EUROPA

START: ❶ **Stadtschloss**
ZIEL: ⑰ **Holländisches Viertel**

Strecke:
➡ **5,5 km**

¾ Tag
reine Gehzeit
1 ¼ Stunden

KOSTEN: Für zwei Personen: Eintritt Turm ❷ **Nikolaikirche** 10 Euro, Kaffeetrinken 20 Euro, Restaurant 50 Euro
MITNEHMEN: Bequeme Schuhe

Potsdams Altstadt ist reich an internationaler Architektur, die die Potsdamer Bauherren im königlichen Auftrag, vor allem auf Befehl von König Friedrich dem Großen, abkupferten. Folgen Sie bei diesem Spaziergang den Spuren bedeutender Bauwerke, die Sie so ähnlich auch in anderen europäischen Städten finden.

❶ **Stadtschloss**

11:00 **Die Tour beginnt am wiederaufgebauten ❶ Stadtschloss** → S. 36, das den **Alten Markt** → S. 28 mit seiner historischen Fassade dominiert. Im modernen Inneren residiert der Brandenburger Landtag. Schauen Sie selbst, in welch interessantem Ambiente die Abgeordneten Politik machen, denn etliche Gebäudeteile sind öffent-

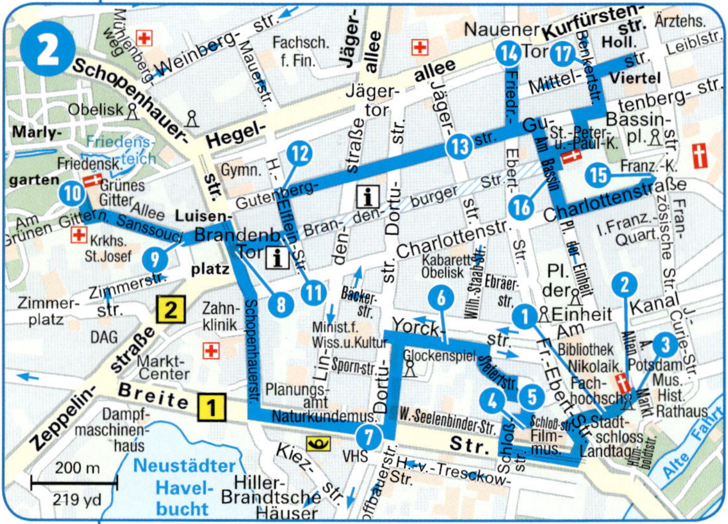

Hier geht's lang für Cineasten: Das Filmmuseum ist im alten Marstall untergebracht

lich zugänglich. Die wuchtige **2 Nikolaikirche → S. 35** mit der Schinkelschen Inneneinrichtung nebenan hat mit ihrer mächtigen Kuppel große Ähnlichkeit mit der Londoner Saint-Paul's-Kathedrale. **Erklimmen Sie auch die Aussichtsplattform** in 42 m Höhe und genießen Sie den Panoramablick. Den prachtvollen Bau linkerhand, heute das **3 Alte Rathaus → S. 29**, hatte der Renaissancebaumeister Andrea Palladio eigentlich für das italienische Vicenza erdacht, doch dort wollte man ihn nicht haben. So wurde kurzerhand Potsdams viertes Rathaus nach Palladios Entwürfen errichtet. **Überqueren Sie dann die Friedrich-Ebert-Straße und laufen Sie entlang des Marstalls**, der das Filmmuseum → S. 30 aufnahm, **bis zur Schlossstraße. Die biegen Sie rechts ein** und sehen gleich hinter dem Filmmuseum das **4 Denkmal für Friedrich Wilhelm von Steuben** (1730–94), den preußischen Offizier und Helden des nordamerikanischen Unabhängigkeitskriegs.

13:00 **Links führt die Straße zum 5 Neuen Markt → S. 35** mit dem **Königlichen Kutschstall**, der heute das **Haus der Brandenburgisch-Preußischen Geschichte → S. 33** und das Restaurant **Schmiede 9 → S. 66** beherbergt. Lassen Sie sich für eine kleine Pause nieder, das Restaurant bietet täglich einen Businesslunch an. **Danach erreichen Sie über die Siefertstraße die Yorckstraße, in der Sie an einem Teil des rekonstruierten 6 Stadtkanals entlangbummeln**. Rund 200 Jahre durchzog der Kanal die

- 2 Nikolaikirche
- 3 Altes Rathaus
- 4 Denkmal für Friedrich Wilhelm von Steuben
- 5 Neuer Markt
- 6 Stadtkanal

7 Hiller-Brandtsche Häuser

8 Brandenburger Tor

9 Wiener Restaurants & Cafés

10 Friedenskirche

11 Brandenburger Straße

12 Genna d'Oro

13 Confiserie Felicitas

14 Nauener Tor

15 Französische Kirche

16 Peter-Pauls-Kirche

17 Holländisches Viertel

Stadt, bis er 1965 zugeschüttet wurde. Die weitere Rekonstruktion hängt von Geldspenden ab. **An der Ecke Dortustraße gehen Sie nach links und erreichen wieder die Breite Straße**. Auf der gegenüberliegenden Straßenseite fallen die sorgfältig restaurierten **7 Hiller-Brandtschen Häuser** auf, für die der nicht mehr existierende königliche Palast Whitehall in London Pate stand.

15:00 Nächstes Ziel ist das **8 Brandenburger Tor** → S. 29, das einem dreipfortigen römischen Triumphbogen ähnelt. **Dafür rechts in die Schopenhauerstraße einbiegen und dieser bis zum Luisenplatz folgen**. Und hier genießen Sie Ihr Dessert: süße Leckereien aus der hauseigenen Konditorei im schönen Kaffeehausambiente des **9 Wiener Restaurants & Cafés** *(tgl. | Luisenplatz 4 | Tel. 0331 60 14 99 04 | www.wiener-potsdam.de)*. Nicht weit ist es von hier bis zur **10 Friedenskirche** → S. 38 **am Rand des Parks Sanssouci**. Nach dem Grünen Gitter, einem der Eingänge zum Park Sanssouci, sehen Sie rechts das Gotteshaus, das nach dem Vorbild der Basilika San Clemente in Rom entstand. Die Apsis birgt eine Kostbarkeit: ein INSIDER TIPP originales Mosaik von der Insel Murano bei Venedig. **Wieder zurück am Luisenplatz bummeln Sie durch die Fußgängerpromenade 11 Brandenburger Straße**, deren Nebenstraßen und Innenhöfe zahllose Läden säumen. Falls die Shopping-Leidenschaft erwacht, dann los! Die Angebote sind kunterbunt. **Gehen Sie nach links in die Hermann-Elflein-Straße** und schauen Sie der Goldschmiedin im originellen **12 Genna d'Oro** → S. 70 bei der Arbeit zu. Laufen Sie danach **entlang der Gutenbergstraße** bis zur **13 Confiserie Felicitas** → S. 71 auf der rechten Straßenseite, ein Muss für Süßmäuler. **Wenn Sie die Friedrich-Ebert-Straße erreichen**, sehen Sie links an deren Ende das **14 Nauener Tor** → S. 35, das nach dem Vorbild von Inveraray Castle in Schottland errichtet wurde.

18:00 **Weiter geht es zum Bassinplatz**: Die **15 Französische Kirche** → S. 32 erinnert sehr an das Pantheon in Rom. Die Apsis der **16 Peter-Pauls-Kirche** → S. 35 am westlichen Platzende ähnelt der Hagia Sophia in Istanbul, während ihr Turm als Nachbildung des Campanile von San Zeno Maggiore in Verona entstand. **Die Nordseite des Platzes begrenzt das berühmte 17 Holländische Viertel** → S. 33, wo der Spaziergang im **Maison Charlotte** → S. 64, bekannt für seine gute französische Landhausküche, seinen Abschluss findet.

3 PROMI-VIERTEL AM SEEUFER

START: ① S-Bahnhof Griebnitzsee **ZIEL:** ⑫ Hafen Potsdam Hauptbahnhof	**½ Tag** reine Gehzeit 1 ½ Std
Strecke: **6 km (ohne Schiffsfahrt)**	

KOSTEN: Für zwei Personen: Ticket S-Bahn 3,80 Euro, Eintritt ⑩ **Flatowturm** 4 Euro, Wassertaxi 10 Euro, Mittagspause 20 Euro
MITNEHMEN: Bequeme Schuhe

ACHTUNG: Wegen Sanierung ist das ⑧ **Schloss Babelsberg** zzt. nur von außen zu besichtigen. Keine Innenbesichtigung der Privatvillen
Fahrplan des Wassertaxis: *www.potsdamer-wassertaxi.de*

Der Spaziergang führt zu den Nobelvillen am Griebnitzsee und in den Park Babelsberg. Der spätere Kaiser Wilhelm I. hatte als Erster diese schöne Ecke entdeckt und ließ Schloss Babelsberg erbauen. Schlossnähe hieß Kaisernähe: Fabrikanten, Bankiers und Künstler zogen nach; die Villenkolonie Neubabelsberg entstand.

10:00 **Am ① S-Bahnhof Griebnitzsee beginnt die Tour.** Bevor Sie loslaufen, sollten Sie noch einen Cappuccino in der **Erfrischungshalle** *(tgl., im Winter nur Mo–Fr | www.erfrischungshalle.de)* zu sich nehmen, soll es doch hier den besten weit und breit geben. Gestärkt **biegen Sie nun von der Rudolf-Breitscheid-Straße rechts in die Karl-Marx-Straße ein**: Das prachtvolle Domizil mit der **Hausnummer 2** schrieb als ② **Truman-Villa** Geschichte: Vom 15. Juli bis 2. August 1945 residierte hier der 33. Präsident

① S-Bahnhof Griebnitzsee

② Truman-Villa

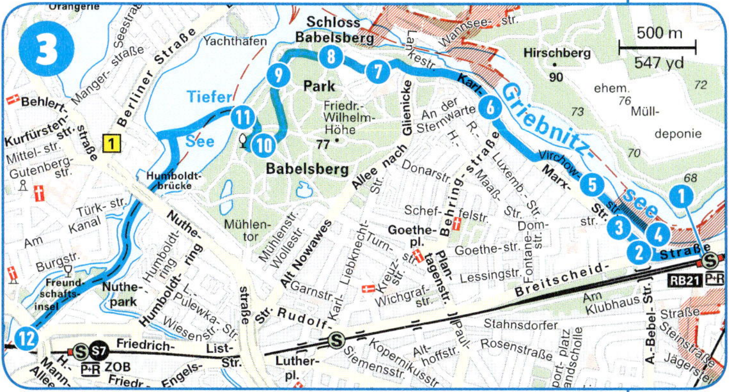

Heute im Besitz eines Softwareunternehmers: Churchill-Villa

der USA während der Potsdamer Konferenz. „Little White House" nannte Harry S. Truman die direkt am Griebnitzsee gelegene Villa, in der er den Befehl zum Abwurf der ersten Atombombe erteilt haben soll. In der Villa hat heute die **Friedrich-Naumann-Stiftung** ihren Sitz. Die schräg gegenüber stehende **3 Villa Lilienthal mit der Hausnummer 65** wurde im englischen Tudorstil mit Zinnenkranz und Türmchen errichtet. Sie ist benannt nach dem Architekten, dem jüngeren Bruder des Flugpioniers Otto Lilienthal. Als Gästehaus der Ufa, deren Filmgelände sich in der Nähe befand, diente sie Filmstars wie Heinz Rühmannn in den 1930er-Jahren. **Der Weg durch den Park der Truman-Villa zum 4 Griebnitzsee** wäre während der deutsch-deutschen Teilung unmöglich gewesen, denn die Gegend war Grenzgebiet, am Seeufer stand die Mauer. Nach der Einheit konnten Spaziergänger den Uferweg nutzen, der jedoch vielfach zu Privatgrundstücken gehört. Nun stehen hier erneut Sperrzäune, aufgestellt von den neuen Villenbesitzern. Seit Jahren schwelt hierüber ein Streit. **Sie müssen deshalb bald wieder den Uferweg verlassen und zur parallel verlaufenden Virchowstraße hochsteigen, in die Sie rechts einbiegen. Rechts sehen Sie mit der Nr. 23 die 5 Churchill-Villa** nach einem Entwurf des später berühmten Bauhausarchitekten Ludwig Mies van der Rohe. Während der Potsdamer Konferenz zog der englische Premierminister Winston Churchill, dem später Premier Clement Attlee folgte, in das Haus. **In der Karl-Marx-Straße Nr. 27** logierte der sowjetische Diktator. Die repräsentative **6 Stalin-Villa** war 1911 für den Inhaber des Pelzhauses C. A. Herpich & Söhne gebaut worden, dessen Familie im Juli 1945 das Haus innerhalb weniger Stunden verlassen musste. **Am Ende der Karl-Marx-Straße erreichen Sie den Haupteingang zum 7 Park Babelsberg** → S. 53. Wandeln Sie auf des Kaisers Spuren, **spazieren Sie auf dem Hauptweg zum 8 Schloss Babelsberg** → S. 54, einst Sommersitz von Prinz Wilhelm, dem späteren Kaiser Wilhelm I. und seiner Gemahlin Augusta.

3 Villa Lilienthal
4 Griebnitzsee
5 Churchill-Villa
6 Stalin-Villa
7 Park Babelsberg
8 Schloss Babelsberg

12:30 Zeit für eine Pause! Ein schöner Platz dafür ist das ⑨ INSIDER TIPP **Café Kleines Schloss** *(Mo geschl. | Tel. 0331 70 51 56 | www.kleinesschloss.de)*. Von der Terrasse schauen Sie über den Tiefen See hinüber zur Potsdamer Innenstadt. Köstlich ist der hausgebackene Kuchen, auch verschiedene Quiches und zwei Tagessuppen sind im Angebot. **Steigen Sie nun auf den nahen ⑩ Flatowturm** **→ S. 54**, denn es lohnt auch ein Blick von oben auf Park und Schloss Babelsberg. Nach dem Aufstieg ist Entspannung **auf der ⑪ Liegewiese links und rechts des Schiffsanlegers** angesagt. Ziehen Sie die Schuhe aus und erfrischen Sie ihre Füße im kühlen Wasser.

⑨ Café Kleines Schloss

⑩ Flatowturm

⑪ Liegewiese

15:30 Relativ pünktlich kommt es angerauscht: Das nach einem festen Fahrplan verkehrende Wassertaxi bringt Sie in 20 Minuten **zurück ins Zentrum zum ⑫ Hafen Potsdam Hauptbahnhof**.

⑫ Hafen Potsdam Hauptbahnhof

4 MIT DEM RAD INS GRÜNE

START: ① Potsdamer Hauptbahnhof **ZIEL:** ① Potsdamer Hauptbahnhof	**1 Tag** reine Fahrzeiten 1 ½ Std. Rad/ 2 ½ Std. Schiff
Strecke: **21 km**	

KOSTEN: Für 2 Personen: Fahrradmiete 22 Euro, Rückfahrt mit dem Schiff inkl. Fahrräder 30 Euro, Eintritte: 36 Euro (③ **Einsteins Sommerhaus** 10 Euro, ④ **Schloss Caputh** 10 Euro, ⑥ **Strandbad** 6 Euro, ⑦ **Jap. Bonsaigarten** 10 Euro), Getränk 15 Euro, Lunch 30 Euro
MITNEHMEN: Badesachen, Sonnenschutz, Wasser

ACHTUNG: Fahrradverleih am ① **Potsdamer Hauptbahnhof**: Potsdam per Pedales → S. 109, Radwegweiser F1
Führung in ③ **Einsteins Sommerhaus** jeweils zur vollen Stunde
Schiffsauskunft *Tel. 0331 2 75 92 10 | www.schiffahrt-in-potsdam.de*; Fahrräder werden, wenn Platz vorhanden, zum halben Fahrpreis befördert; das letzte Schiff zurück fährt um 16.20 Uhr (Mai–Okt.).

Raus aus der Stadt, hinein in die grüne Natur rund um Potsdam. Immer am Wasser entlang durch Wald und Wiesen geht es auf meist asphaltierten Radwegen zu reizvollen kleinen Orten und wunderbaren Aussichten bis nach Ferch am Schwielowsee, von wo aus Sie mit dem Schiff wieder nach Potsdam zurückschippern.

09:00 **Sie starten am ① Potsdamer Hauptbahnhof, von dort geht es die Friedrich-Engels-Straße querend**

① Potsdamer Hauptbahnhof

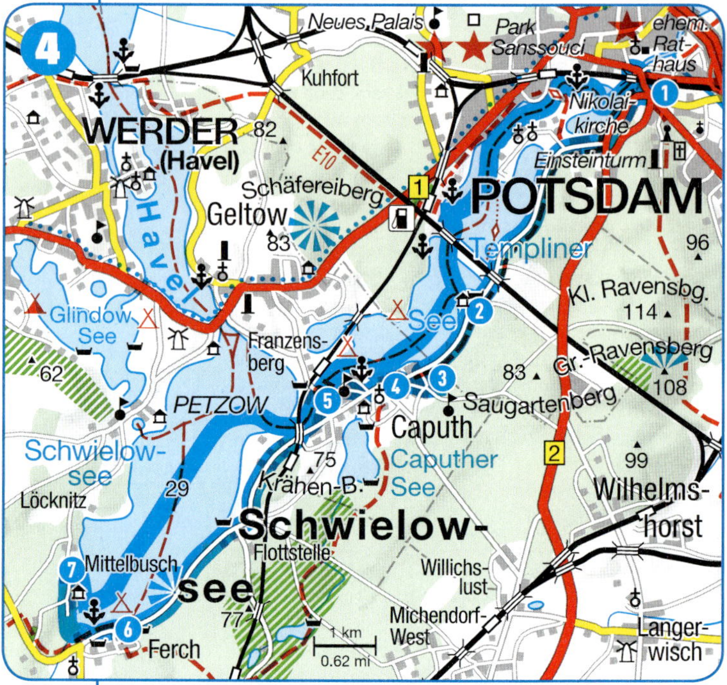

❷ Forsthaus Templin

❸ Einsteins Sommerhaus

❹ Schloss Caputh

nach rechts zur Leipziger Straße, der Sie auf dem Radweg bis zum Wegweiser „Caputh" folgen und dann nach rechts in die Templiner Straße abbiegen. Hier sehen Sie auch das Hinweisschild auf den Radweg F1. **Durch die Templiner Vorstadt und weiter am Templiner See entlang** schlängelt sich der aussichtsreiche Radweg. Das **❷ Forsthaus Templin → S. 101** lädt zu einem ersten Stopp für ein kühles Getränk. Bekannt ist das Forsthaus für sein Biobier, doch können Sie dafür auch ein anderes Mal wiederkommen.

12:30 **Auf einer Platanenallee erreichen Sie Caputh → S. 99**. An den Wochenenden können Sie sich **❸ Einsteins Sommerhaus → S. 100** anschauen, denn der Physiker wählte den idyllischen Ort als Sommerrefugium. **Biegen Sie dorthin am Ortseingang links ab und folgen Sie der Ausschilderung. Das ❹ Schloss Caputh → S. 99 liegt rechterhand der Hauptstraße.** Bummeln Sie nach dessen Besichtigung noch ein wenig durch den von Lenné gestalteten **Schlossgarten** bis zum See. **Dann geht**

es rechts zum Caputher Gemünde → S. 99. Versuchen Sie, einen Platz auf der Terrasse des **5 Fährhaus Caputh** *(tgl., im Winter nur Sa/So | Tel. 033209 702 03 | www.faehrhaus-caputh.de | €–€€)* zu ergattern, denn von hier lässt sich das geschäftige Treiben auf dem Wasser besonders gut beobachten. Die Seilfähre „Tussy II" gleitet hin und her, Yachten, Kanus und Ausflugsschiffe schippern vorüber. Nach der Stärkung **biegen Sie von der Uferpromenade nach links und dann nach rechts auf die Schwielowseestraße, die weiter durch einen Eichen-Kiefernwald, vorbei am Zeltplatz Flottstelle nach Ferch → S. 100 führt.** Lust auf ein Bad? Dann ab ins **6 Fercher Strandbad** rechts am Ortseingang. Radeln Sie danach durch den lang gestreckten Ort mit rohrgedeckten Fischerhäusern **zum Ortsausgang Richtung Petzow**, denn dort wartet noch eine Überraschung auf Sie: ein kleines Stück Japan mit dem idyllischen **7 Japanischen Bonsaigarten → S. 101**. Entspannen Sie bei einem INSIDER TIPP Tee im Zengarten und kaufen Sie ein Bonsaibäumchen zur Erinnerung.

16:00 **Sie müssen wieder ein kleines Stück zurückradeln. Der Bootsanleger befindet sich beim Haus am See, von dem das Schiff Sie und Ihre Räder nach Potsdam zurückbringt.** Genießen Sie die Fahrt auf dem Wasser, von dem sich nun ganz andere Perspektiven bieten. Die Anlegestelle **Lange Brücke** befindet sich quasi vor der Haustür des **1 Potsdamer Hauptbahnhofs**, wo Sie die Fahrräder zurückgeben.

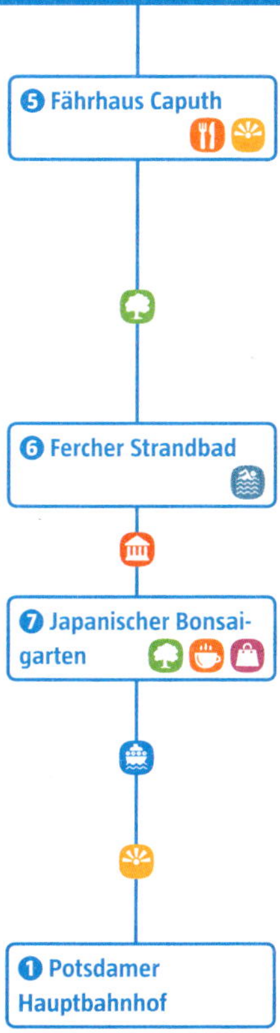

Eine Institution: die Seilfähre Tussy II. am Caputher Gemünde

MIT KINDERN UNTERWEGS

Was ist los? Langeweile für die Kids muss nicht sein. Auf welchen Spielplatz soll ich gehen, wo findet etwas Tolles in Potsdam und Umgebung statt? Unter der Internetadresse *www.hastnplan.de* finden Kinder und ihre Eltern immer etwas Passendes und können auch selbst gute Vorschläge beisteuern. Weitere Tipps finden Sie unter *www.familie-in-potsdam.de.*

ABENTEUERPARK POTSDAM

(119 F5) (*G7–8*)

Lust auf Klettern? Auf einer Länge von 1,7 km und in einer Höhe von 1 bis 12 m stehen rund 170 Kletterelemente in zwölf unterschiedlich schweren Parcours in den Bäumen. Beliebt ist auch die 200 m lange Seilrutsche. Einmal im Monat geht INSIDER TIPP Klettern ohne Mama und Papa: Ein erfahrener Parkranger hangelt sich mit den Kids durch die Parcours. Das Konzept des Parks steht für Ökologie und Nachhaltigkeit. *Mitte März–Anfang Nov. tgl. ab 10 Uhr | Eintritt für 2 Stunden Kletterzeit 22 Euro, Kinder 16 Euro | Albert-Einstein-Str. 49 | Tel. 0331 6 26 47 83 | www.abenteuerpark.de*

EXTAVIUM (119 F3) (*G5–6*)

Wie funktioniert die Welt? Einen Tornado erzeugen, ein Auto anheben, den Satz des Pythagoras verstehen, um die Ecke gucken oder den eigenen Schatten einfrieren: Kleine Forscher und Entdecker gehen im wissenschaftlichen Mitmachmuseum *Extavium* auf eine spannende Entdeckungstour durch die Welt der Naturwissenschaften. Rund 60 Exponate aus Physik, Chemie, Biologie und Mathematik sowie wechselnde Themenkurse laden spielerisch zum Anfassen und Ausprobieren ein. *Di–Fr 9–17, Sa/So 10–17, in den Ferien Di–Sa 11–17 Uhr | Am Kanal 57 | Eintritt 5, Kinder 4 Euro, Teilnahme an Experimentierkursen 5 Euro | Tel. 0331 8 77 36 28 | www.extavium.de*

FILMPARK BABELSBERG

(121 E4–5) (*L7*)

Kindergenerationen liebten und lieben ihn: den Sandmann. Seit 1959 schickt er die Kleinen in den Schlaf. Wie entsteht eine Folge des beliebten Sandmännchen-Abendgrußes? Bei der Herstellung der Puppen und Dekorationen sowie bei Dreharbeiten darf im INSIDER TIPP *Sandmann-Haus* zugeschaut werden. Ein Paradies für die jüngsten Besucher ist *Janoschs Traumland,* durch das Sie eine Bootsfahrt machen und dabei den kleinen Tiger und den kleinen Bären treffen können. *April–Anf. Nov. tgl. 10–18 Uhr, di-*

Kobolde und Nixen: Spannende Erlebnisse in Park und Schloss sowie in Janoschs Traumland

verse Schließtage siehe Website | Eingang Großbeerenstr. 200 | Eintritt 21 Euro, Kinder 14 Euro, Familienkarte (2 Erw., max. 3 Kinder) 60 Euro | www.filmpark-babelsberg.de

SCHLOSSFÜHRUNGEN FÜR KINDER

Mit dem Drachen durchs Schloss: Der Drache im goldenen Kostüm erzählt den Kindern Interessantes aus dem Leben von Preußenkönig Friedrich II. und von rauschenden Festen, die die kaiserliche Familie im Neuen Palais veranstaltete. Die spielerischen Rundgänge sollen den Kleinen zwischen sechs und zehn Jahren die Geschichte der Schlösser und Parks näherbringen. Die einstündigen Veranstaltungen, zu denen auch Eltern willkommen sind, finden sonntags statt. Viel Spaß macht es auch, mit *Nunu,* der kleinen Fledermaus, die Schlösser und Parks im Internet zu entdecken *(Kinderwebsite: www.schloessergaerten.de). Eintritt 8 Euro, Kinder 4 Euro, Familienkarte 15 Euro | Termine und Anmeldung unter Tel. 0331 9 69 42 00 | www.spsg.de/familienprogramm*

VOLKSPARK POTSDAM

(115 D3–4) *(🗺 E–F 2–3)*

Viel Platz für Aktivitäten mit der ganzen Familie: Fußball, Tischtennis oder Beachvolleyball spielen, auf dem 4 km langen Rundkurs radeln oder auf der Skateranlage waghalsige Stunts üben, an der Kletterwand kraxeln oder sich auf dem Trampolin in die Luft katapultieren. In der kirgisischen Jurte Märchen lauschen, picknicken oder grillen, Party feiern oder einfach auf der Wiese faulenzen – und im Jahr bei rund 100 verschiedenen Events dabei sein. Im Gegensatz zu den vielen denkmalgeschützten Parkanlagen ist im *Volkspark Potsdam,* dem früheren Bundesgartenschaugelände, alles erlaubt, was Spaß macht. *Tgl. 5–23 Uhr | Eintritt März–Nov. 1 Euro, Kinder 50 Cent, Dez.–Feb. 50 Cent für alle, Kinder bis 6 Jahre frei | Georg-Hermann-Allee 101 | www.volkspark-potsdam.de*

POTSDAMS UMGEBUNG

Das Havelseengebiet übt eine magische Anziehungskraft auf die großstadtgestressten Berliner und Potsdamer aus. Es riecht nach Wasser und Schilf. Seen umkränzen die Stadt, zwischen denen sich Wälder und Wiesen erstrecken.

Im engeren Sinn besteht das Havelseengebiet nicht aus Seen, es sind Weitungen der Havel, die der „märkischen Streusandbüchse" zu ihrem Reiz verhelfen. Hier finden Sie noch viele stille Ecken, in denen Angler sitzen und Wanderer dem Vogelgezwitscher lauschen. Mit herrlichen Blicken über das Havelland zieht sich vom Potsdamer Brauhausberg bis hinter Ferch am Südufer des Schwielowsees ein Höhenzug entlang. Besonders schön ist die Aussicht von der *Großen Neugierde* im Volkspark Klein-Glienicke. Erlebnisreich ist eine Anfahrt per Schiff, das meist dort hält, wo es etwas zu sehen gibt: Parks und Schlösser, Backsteinkirchen, Obstplantagen oder auch nur Wiesen und Wälder.

BERLINER PARKLANDSCHAFT

Das Potsdamer Park- und Schlossensemble wurde im 18. und 19. Jh. ohne Rücksicht auf regionale Grenzen angelegt. Als sich 1920 Berlin vom Land Brandenburg trennte, nahm es die Pfaueninsel, den Volkspark Klein-Glienicke und Ni-

 Bild: Havelstädtchen Werder

Schlösser, Wälder und Havelseen – die meisten Ausflugsziele sind in den Sommermonaten mit dem Schiff erreichbar

kolskoe mit. Am Gesamtkunstwerk änderte sich dadurch nichts, das blieb erhalten – bis zum Mauerbau 1961.
Der Berliner Teil des Park- und Schlossensembles gehörte von da an zum Westen, der Potsdamer Teil mit dem Park Sanssouci, dem Neuen Garten und dem Park Babelsberg zum Osten. Seit dem Fall der Mauer verbindet die Glienicker Brücke wieder wie einst das bau- und kulturgeschichtliche Gesamtkunstwerk. Auskunft: *Berlin Tourist-Information (Tel. 030 25 00 25 | www.visitberlin.de)*, Infostellen: *Brandenburger Tor/Pariser Platz | Europa Center/Tauentzienstr. 9 | Hauptbahnhof/Eingang Europaplatz | Fernsehturm/Panoramastr. 19*

NIKOLSKOE

(117 E3) (*🗺 L2*) Charlotte, die älteste Tochter von König Friedrich Wilhelm III., war 1817 Gemahlin des russischen Thronfolgers geworden. Bei einem ihrer Potsdam-Besuche wollte sie der Herr Papa überraschen, und so ließ er 1819 für das

Mit dem Fähre gelangt man auf der Havel wunderbar von Ort zu Ort – auch zur Pfaueninsel

Töchterlein das *Blockhaus Nikolskoe* errichten. Seit mehr als 100 Jahren ist es eine beliebte *Ausflugsgaststätte (tgl. | Nikolskoer Weg 15 | Tel. 030 8 05 29 14 | www.blockhaus-nikolskoe.de)*.

Als Charlotte 1825 Zarin Alexandra Feodorowna geworden war, wünschte sie sich an dieser einsamen Stelle Glockengeläut. Ihr Wunsch war dem Vater Befehl, der von Friedrich August Stüler im russischen Stil die *Kirche Sankt Peter und Paul (tgl. 11–16 Uhr | Nikolskoer Weg 17 | www.kirche-nikolskoe.de)* erbauen ließ. Seit 1985 bietet ein ● Glockenspiel kostenlose Konzerte. Von 10 Uhr bis Sonnenuntergang erklingen zu jeder vollen Stunde vom Kirchturm 28 Glocken. 90 verschiedene Melodien sind programmiert. In den Sommermonaten (Ende Mai–Sept.) gibt es zudem jeden Samstag 17 Uhr musikalische Vespern bei kostenlosem Eintritt (Spende erbeten).

PFAUENINSEL

(117 E–F 1–2) *(🕮 L–M1)* Die Landschaft auf der ★ *Pfaueninsel*, der schönsten Havelinsel (1,5 km lang, 500 m breit), wurde von Peter Joseph Lenné gestaltet. Der Rundgang über die Insel, die ihren Namen der hier freilaufenden Pfauen verdankt, führt am *Kavalierhaus* von Karl Friedrich Schinkel vorbei zum *Königin-Luise-Tempel,* den Friedrich Wilhelm III. zum Gedenken an seine Gattin errichten ließ. Der Liebschaft Friedrich Wilhelms II. mit der Gräfin Lichtenau haben wir das zweitürmige *Lustschlösschen (Führungen April–Okt. Di–So 10–17.30 Uhr)* von 1795 zu verdanken. Schneeweiß steht es als künstliche Ruine da, mancher glaubte schon, eine Filmkulisse vor sich zu haben. Die Brücke zwischen den Türmen entstand 1807 als frühes Erzeugnis der berühmten Berliner Eisengießerei.

Weiter am Nordende liegt – wie das Schloss im romantischen Ruinenstil erbaut – die alte *Meierei (April–Okt. Sa/So 10–17.30 Uhr)* mit einem schön ausgeschmückten Saal im Obergeschoss. Das *Schweizerhaus* an der Südspitze ist ebenfalls ein Werk von Schinkel. *Nur erreichbar mit der das ganze Jahr über täglich verkehrenden Fähre*

VOLKSPARK KLEIN-GLIENICKE

(116–117 C–E 4–5) (*J–K 2–3*) Lenné schuf den 1,16 km² großen Glienicker Schlosspark, der 1934 an die Stadt Berlin verkauft wurde und den Namen *Volkspark Klein-Glienicke* bekam. Das klassizistische *Schloss Glienicke (Führungen April–Okt. Di–So 10–18, Nov./Dez., März Sa/So 10–17 Uhr | Königstr. 36)* baute Schinkel als Sommersitz für den damals 25-jährigen Prinz Carl von Preußen. Die Wohnräume des Prinzen und seiner Gemahlin befinden sich im Obergeschoss. Im Park wandern Sie am besten vom *Hofgärtner-* und *Maschinenhaus* zur Schlucht mit der *Teufelsbrücke* und dem *Casino (April–Okt. Sa/So 10–18 Uhr)*.

POTSDAMER HAVELSEEN-GEBIET

Die Havel erweitert sich um Potsdam mehrfach zu Seen, an deren Ufern sich ein Feriengebiet mit reizvollen Dörfern erstreckt, das am schönsten vom Wasser aus zu entdecken ist.

Caputh, Ferch, Werder und Petzow können Sie in den Sommermonaten täglich per Schiff erreichen. Auskunft: *Tourismusbüro Schwielowsee-Tourismus (Straße der Einheit 3 | Caputh | Tel. 033209 7 08 99 | www.schwielowsee-tourismus.de)* und *Tourismusbüro Werder (Kirchstr. 6/7 | Werder (Havel) | Tel. 03327 78 33 74 | www.werder-havel.de)*.

CAPUTH

(124 C4–5) (*O*) Aus dem Wechsel von Wald und Wasser wuchs 6 km von Potsdam entfernt ★ *Caputh* (3800 Ew.) zu einem märkischen Ferienidyll. Lang gestreckt zieht sich der Ort am Ufer des Templiner und Schwielowsees hin. Die Berge ähneln teilweise einer Mittelgebirgslandschaft. Am *Gemünde,* wie die Engstelle der Havel heißt, die den Templiner See mit dem Schwielowsee verbindet, setzt seit 1853 eine heute Fußgänger und Autos befördernde, kettenbetriebene Seilfähre über.

Das *Schloss Caputh (Führungen April Sa/So 10–18, Mai–Okt. Di–So 10–18, Nov.–März Sa/So 10–17 Uhr | Straße der Einheit 2 | www.spsg.de)* kann nach aufwendiger Restaurierung erstmals in seiner Geschichte vollständig besichtigt werden. Die Hauptattraktion ist der Speisesaal mit 7000 blau-weißen holländischen Fayencefliesen. Den barocken Garten gestaltete Peter Joseph Lenné in einen Landschaftsgarten um.

Die *Dorfkirche* entstand nach Plänen von Friedrich August Stüler als neuromanische Pfeilerbasilika mit einem gesonderten Glockenturm. Jeden So 17 Uhr wird

MARCO POLO HIGHLIGHTS

★ **Pfaueninsel**
Ein romantisches Lustschloss im Ruinenstil → S. 98

★ **Caputh**
Wo August der Starke, Charlie Chaplin und Albert Einstein weilten → S. 99

★ **Heilandskirche**
Malerisch liegt die Heilandskirche am Ufer des Jungfernsees → S. 102

★ **Werder (Havel)**
Altstadt auf einer Havelinsel → S. 103

bei freiem Eintritt zu INSIDER TIPP Orgelkonzerten in die Kirche geladen.
In Caputh weilten auch Charlie Chaplin und Heinrich Mann, die hier Albert Einstein besuchten, den Begründer der Relativitätstheorie und Nobelpreisträger für Physik 1921. 1929–33 wohnte der bedeutendste Physiker des 20. Jhs. in einem Holzhaus in Caputh am Waldrand. *Einsteins Sommerhaus (April–Okt. Sa/So 10–18 Uhr | Am Waldrand 15–17 | Tel. 0331 271780 | www.einsteinsommerhaus.de)* ist heute seine einzige erhaltene Wohnung in Deutschland.

Einsteins Sommerhaus – der Physiker lebte vor seiner Emigration in die USA hier in Caputh

Wenn Sie in Caputh übernachten wollen: Das *Kavalierhaus (Juni–Sept. Mo, März–Mai und Okt. Mo/Di, Nov.–Feb. Mo–Fr geschl. | Lindenstr. 60 | Tel. 033209 84630 | www.kavalierhaus-caputh.de | €€)* im Schlosspark Caputh bietet fünf Zimmer und die Hochzeitssuite, alle individuell ausgestattet. Und das INSIDER TIPP Restaurant ist ein Ort zum Genießen, nicht nur wegen der Gastronomie, sondern auch wegen des Blicks zum Templiner See.
Per Seilfähre übers Caputher Gemünde gelangen Sie nach *Geltow* **(124 C4)** *(🕮 O)*. Die Hauptattraktion des Orts ist die ● *Handweberei Henni Jaensch-Zeymer (Feb.–Mitte Dez. Di–So 11–17 Uhr | Am Wasser 19 | www.handweberei-geltow.de)*, in der Sie zuschauen können, wie an 16 originalen, bis zu 200 Jahre alten Webstühlen Stoffe entstehen. Im angeschlossenen Laden können Sie hier gewebte Textilien kaufen und im Café sich stärken.

FERCH

(124 C5) *(🕮 O)* Das 10 km südlich von Potsdam gelegene Dorf *Ferch* (1100 Ew.) am Südende des Schwielowsees bietet vor allem Ruhe und Entspannung. Die letzten mit Rohr gedeckten Fischerhäuser sind in gepflegtem Zustand, die Obstbäume blühen noch, die Backöfen sind jedoch – bis auf einen wiedererrichteten – verschwunden. Die alte Dorfkirche aus Fachwerk besitzt eine mit Wolken bemalte Holzdecke. Zu einem kleinen Idyll wurde der INSIDER TIPP *Japanische Bonsaigarten* *(April–Okt. Di–So 10–18 Uhr | Fercher Str. 61 | www.bonsai-haus.de)*. Was ist entspannender als im Teehaus mit Blick auf den Zengarten oder im Garten selbst zu sitzen und Tee- und Gebäckspezialitäten aus Fernost zu genießen? Das Kleinkunsttheater INSIDER TIPP *Fercher Obstkistenbühne* *(Dorfstr. 3a | Programminfos unter Tel. 033209 71440 | www.fercherobstkistenbuehne.de)* lädt zu Folklore, klassischer Musik, Jazz, Liedern und Literatur ein, im Sommer im Freien unter der Linde, im Winter am Feldsteinkamin.

Frischen Spargel, Erdbeeren, Heidelbeeren und auch Kürbisse aus eigener Produktion gibt es im 10 km entfernten *Spargel- und Erlebnishof (Ende März–Weihnachten tgl. ab 8 Uhr | Glindower Str. 28 | Tel. 033206 61070 | www.buschmann-winkelmann.de)* in Klaistow. Und dazu jede Menge zu erleben: Hoffeste, Tiergehege mit Streichelwiese, Hofbäckerei, Hofladen, Scheunenrestaurant und einen Kletterwald.

PARETZ

(124 B2) *(🕮 O)* Das 23 km nordwestlich von Potsdam gelegene Dorf *Paretz* (400 Ew.) wurde zur Pilgerstätte der großen Luise-Fangemeinde. Hier verbrachte die legendäre Königin mit ihrem Gemahl Friedrich Wilhelm III. ihre glücklichste Zeit. Im *Schloss (April–Okt. Di–So 10–18, Nov.–Feb. nur mit Führung Sa/So 10–16 Uhr | Parkring 1 | www.spsg.de)* sind aufwendig restaurierte gedruckte und gemalte Papiertapeten aus der Zeit um 1800 sowie Möbel und Grafiken zu sehen. In der *Remise* stehen Kutschen, Schlitten und Sänften des preußischen Königshauses sowie die Kinderkutsche des Kurprinzen Friedrich Wilhelm aus der Zeit um 1690. Der kleine Prunkwagen gilt als der älteste erhaltene seiner Art in Europa.

Am Rande des Parks fällt die ockerfarbene *Dorfkirche* mit gotischem Dekor auf. Gilly baute vor 200 Jahren eine Loge für den König an. In ihr befindet sich eine 1811 aus Ton gebrannte Gedenktafel für Königin Luise, die ein Jahr zuvor im Alter von nur 34 Jahren verstorben war. Schöpfer der Tafel ist Gottfried Schadow, berühmt geworden durch die Quadriga auf dem Brandenburger Tor in Berlin. Sollte die Kirchentür verschlossen sein: Links um die Kirche zum Fenster der Königsloge gehen, um von dort das Tonrelief zu sehen.

LOW BUDG€T

Mittwochs um 19 Uhr finden im *Forsthaus Templin (Templiner Str. 102 | Tel. 033209 21779 | www.braumanufaktur.de)*, Brandenburgs einziger *Braumanufaktur*, die naturbelassene, unfiltrierte Biere braut und das komplette Biersortiment in Bioqualität erzeugt, Gratis-Brauereiführungen ohne Voranmeldung statt.

Nur 2,50 Euro kostet der *Familienpass Brandenburg (www.familienpass-brandenburg.de)*. Mehr als 600 Anbieter aus den Bereichen Freizeit, Sport, Kultur, darunter viele auch in Potsdam und Umgebung, gewähren Rabatte von mindestens 20 Prozent oder Freikarten für Kinder. Der Familienpass gilt ein Jahr für die ganze Familie (mind. 1 Erwachsener und 1 Kind).

PETZOW

(124 C4–5) (*Ⓜ O*) 10 km südwestlich von Potsdam liegt das Dorf *Petzow,* seit 1929 Ortsteil von Werder. Es gehört zu den gut erhaltenen ländlichen Ensembles des 19. Jhs. in der Mark Brandenburg. Nach Plänen Schinkels entstanden um 1825 das in einem Mix von maurischem Kastell- und englischem Tudorstil errichtete *Schloss Petzow,* die Parkmauer und das spitzbogige Eingangstor. Der terrassenförmig zum Schwielowsee angelegte Park stammt von Lenné, der geschickt eine Bucht des Schwielowsees in die Gestaltung einbezog. Auch die *Dorfkirche* auf dem Grelleberg wurde nach einem Entwurf Schinkels erbaut. Eine Bogenhalle verbindet den frei stehenden Westturm mit dem Kirchenschiff. Die Turmuhr ist Attrappe, sie dient nur als Schmuck. Vom *Turm (März–Okt. Sa/So 11–18, Nov.–Feb. Sa/So 13–17 Uhr)* haben Sie einen schönen Blick auf die Havellandschaft.

Im ● *Resort Schwielowsee (Am Schwielowsee 117 | Tel. 03327 5 69 60 | www.resort-schwielowsee.de | €€€)* stehen Ihnen das *Hotel Seaside Garden* mit 156 eleganten Gästezimmern in unterschiedlichen Wohnstilen sowie *Key West Luxus Apartments* zur Auswahl. Das asiatisch inspirierte Wellnesscenter verfügt über Innen- und Außenpool, im Hafenrestaurant *Ernest* werden Fischspezialitäten serviert, das *Seapoint* lädt zu mediterranen Überraschungen.

Im Hofladen und Spezialitätenmarkt des INSIDER TIPP *Sanddorn-Gartens (tgl. 10–17 Uhr | Fercher Str. 60 | Tel. 03327 4 69 10 | www.sandokan.de)* erhalten Sie Produkte aus Sanddorn sowie Erzeugnisse aus der Region wie Wurst und Käse aus der Uckermark oder Keramik von regionalen Töpfern. Das Restaurant *Orangerie (Mo geschl. | €€)* verarbeitet vor allem das, was im Garten wächst, Fleisch und Fisch liefern Erzeuger aus der unmittelbaren Umgebung.

SCHIFFSTOUREN

Potsdam ist eine Insel, was vor allem vom Wasser aus deutlich wird. Bei einem Schiffsausflug ist vieles aus anderer Perspektive zu sehen. Beliebt sind die 90 Minuten dauernde *Schlösserrundfahrt* und die *Havelseenrundfahrt*, die nach Caputh, Petzow, Ferch und Werder führt. Die Fahrt kann am selben Tag beliebig oft unterbrochen und fortgesetzt werden, bietet also viele Möglichkeiten für Besichtigungen. Ein besonderes Erlebnis ist eine Fahrt mit der ● *Gustav,* einem original kohlebefeuerten Dampfschiff aus dem Jahr 1908. *Info: Weiße Flotte (An der Langen Brücke | Tel. 0331 2 75 92 10 | Tel. Fahrplanansage 0331 2 75 92 33 | www.schiffahrt-in-potsdam.de)*

SACROWER HALBINSEL

(116–117 C–E 1–3) (*Ⓜ J–K1*) Wie ein im Hafen liegendes Schiff sollte die *Heilandskirche (Nov.–Feb. Sa/So 10–15, März/April/Sept./Okt. Di–So 10–15.30, Mai–Aug. Di–So 10–16 Uhr | www.heilandskirche-sacrow.de)* wirken, die Ludwig Persius 1841–44 zu zwei Dritteln ins Havelwasser gebaut hat. Der im mittelalterlich-italienischen Stil errichtete Bau gilt als Vorstudie für die Friedenskirche in Sanssouci. Friedrich Wilhelm IV. kam im Sommer gern sonntags von Potsdam aus mit einem Boot zum Gottesdienst auf die ★ *Sacrower Halbinsel.*

Da die Kirche im deutsch-deutschen Todesstreifen lag, durfte sie nach dem Bau der Berliner Mauer von den Gemeindemitgliedern nicht betreten werden. Nach umfangreicher Restaurierung zeigt sie sich nun wieder in herrlicher Pracht. Auch finden hier ganzjährig erneut INSIDERTIPP *Gottesdienste (2. und 4. So 15 Uhr)* sowie geistliche Konzerte *(Eintritt frei)* statt.

Das nahe *Schloss Sacrow* (1773) hatte viele Besitzer, einer war König Friedrich Wilhelm IV., der es 1840 erwarb. 1938 wählte der preußische Generalforstmeister das klassizistische Bauwerk zum Wohnsitz und ließ im Inneren erhebliche Umbauten vornehmen. Den Rest bekam das Schloss zu DDR-Zeiten, als es Ausbildungsstätte der Zollverwaltung wurde. In den Sommermonaten sind in ihm gelegentlich Ausstellungen zu sehen. Der Park mit einem umfangreichen Wegenetz ist ein Werk von Peter Joseph Lenné.

WERDER

(124 B–C4) *(🗺 O)* Der älteste Teil von ★ *Werder (Havel)* (24 200 Ew.) mit seinen kleinen Gassen und Fischerhäusern wird völlig von Wasser umgeben. Wer sich der Havelinsel nähert, sieht als Erstes den fünfspitzigen Turm der neugotischen *Heiliggeistkirche*. Die benachbarte *Bockwindmühle (Mitte April–Mitte Okt. Sa/So 13–17 Uhr)* wurde 1992 dem 100 km entfernten Klossa abgekauft.

Im Frühjahr liegt der Duft blühender Obstbäume über dem Städtchen, denn der traditionelle Obstanbau hat bis heute Bedeutung. Seit 1879 feiert Werder im Frühjahr das *Baumblütenfest*. Über die Stadtgeschichte und den Obstanbau informiert das *Obstbaumuseum (15. April–15. Okt. Mo/Di, Do/Fr 11–17, Sa/So 13–17 Uhr | Kirchstr. 6/7 | im Haus des Tourismusbüros)*.

Auf dem Marktplatz von Werder, der Blütenstadt an der Havel, ist von Hektik keine Spur

EVENTS, FESTE & MEHR

Potsdam präsentiert Ihnen nicht nur etwas fürs Auge, sondern auch viel für die Ohren. Die Schlösser, Parkanlagen und Seen bieten sich geradezu als Kulisse an.

VERANSTALTUNGEN

MÄRZ–NOVEMBER

Caputher Musiken: für jeden Geschmack etwas, Kammermusik ebenso wie Jazz und geistliche Chorwerke. *www.caputher-musiken.de*

MÄRZ/APRIL

Osterfesttage Potsdam: Konzerte, Ausstellungen, Aktionen, Führungen und Osterspaziergänge. *www.osterfesttage.de*

Filmfestival Sehsüchte: eines der größten Filmfestivals Europas mit Spiel-, Dokumentar-, Animations- und Experimentalfilmen von Studenten und Amateurfilmern. *www.sehsuechte.de*

MAI

Potsdamer Tanztage: Internationales Festival für zeitgenössischen Tanz, auch Konzerte, Filme und Gesprächsrunden. Um Pfingsten. *www.fabrikpotsdam.de*

Baumblütenfest in Werder: Die ganze Stadt feiert den Frühling zur Obstbaumblüte. *www.baumbluetenfest.com*

JUNI

★ ● ***Musikfestspiele Potsdam-Sanssouci:*** Potsdams kultureller Höhepunkt des Jahres wartet mit Kammer-, Orgel- und Serenadenkonzerten, Opern- und Soloabenden internationaler Künstler auf. *www.musikfestspiele-potsdam.de*

JULI

Internationaler Orgelsommer: Jeden Mi 19.30 Uhr (bis Mitte Sept.) bespielen internationale Solisten die historischen Orgeln in der Friedenskirche, der Erlöserkirche und der Französischen Kirche. *www.kulturfeste.de*

Königliches Weinfest: Winzer präsentieren sich auf dem Klausberg. *www.koeniglicher-weinberg.de*

lit:potsdam: Literaturfestival mit Lesungen und Gesprächen an verschiedenen Orten. *www.litpotsdam.de*

AUGUST

★ ***Potsdamer Schlössernacht:*** Zehntausende strömen bis spät in die Nacht in die zum Teil farbig angestrahlten Schlösser und in die Parkanlagen, in denen Musik, Theater, Akrobatik, Lesungen und kulinarische Genüsse geboten werden. Am Vorabend Auftaktkonzert vor dem Neuen Palais. *www.potsdamer-schloessernacht.de*

Filme, Tanz und vor allem viel Musik – das ganze Jahr über gibt's die unterschiedlichsten Veranstaltungen

Sommertheater: Theateraufführungen freier Theatergruppen vor der romantischen Kulisse des Belvedere auf dem Pfingstberg. *www.pfingstberg.de*

SEPTEMBER

Töpfermarkt: buntes Treiben im Holländischen Viertel

INSIDER TIPP ***Potsdamer Dreiklang:*** Symbiose der ***Potsdamer Jazztage***, der ***Kunstgenuss-Tour*** in Galerien und Museen und dazu noch der ***Tag des offenen Denkmals***. *www.potsdamer-dreiklang.de*

NOVEMBER

INSIDER TIPP ***Unidram Internationales Theaterfestival:*** Festival für freies Theater, bei dem moderne und innovative Inszenierungen zur Aufführung kommen, im T-Werk Schiffbauergasse. *www.unidram.de*

DEZEMBER

Potsdamer Weihnachtsmarkt: Vorweihnachtliche Stimmung mit Lichterglanz, Lebkuchen und Glühwein herrscht in der historischen Innenstadt auf der Brandenburger Straße und dem Luisenplatz sowie im Krongut Bornstedt. Am ersten Adventswochenende bezaubert der ***Böhmische Weihnachtsmarkt*** auf dem Weberplatz in Babelsberg.

FEIERTAGE

1. Jan.	Neujahr
März/April	Karfreitag; Ostersonntag und -montag
1. Mai	Tag der Arbeit
Mai/Juni	Christi Himmelfahrt; Pfingstsonntag und -montag
3. Okt.	Tag der Deutschen Einheit
31. Okt.	Reformationstag – im benachbarten Berlin kein Feiertag
25./26. Dez.	Weihnachten

LINKS, BLOGS, APPS & CO.

LINKS & BLOGS

www.mobil-potsdam.de Gut, wenn Sie mit dem Auto anreisen. So sind Sie stets auf dem aktuellsten Stand der Verkehrssituation. Mit Webcam, Stau- und Baustellenmelder, Infos zu freien Parkplätzen, Taxis, Taxiplätzen und Fahrradverleih!

www.potsdam.tv Informatives rund um Potsdams Stadtleben, Kultur, Sport, Kunst, Service, Veranstaltungstipps und Wetterbericht

www.facebook.com/potsdamfans Potsdam ist eine der schönsten Städte der Welt. Das meinen die Potsdam-Fans dieser Facebook-Seite. Vielleicht sind Sie nach einem Besuch der Stadt auch dieser Meinung? Teilen Sie auf jeden Fall Ihre Eindrücke mit

twitter.com/potsdamtourism Immer auf dem Laufenden sein, immer die kleinen und großen News erfahren: Folgen Sie auf Twitter den Tweets der Potsdamer und zwitschern Sie fleißig mit

www.facebook.com/turbinepotsdam Natürlich stehen der Frauenfußball und das Vereinsleben im Mittelpunkt dieser Facebook-Site, die die erfolgreiche Frauenfußballmannschaft und die Fans gemeinsam mit viel Engagement betreiben

potsdam.my-entdecker.de Der Autor Dieter Weirauch kennt sich aus in Potsdam und Umgebung. In seinem lesenswerten Blog beschreibt er viele Facetten der Landeshauptstadt, all das, was er erlebt, entdeckt und für andere empfehlenswert hält. Potsdam-Neulinge finden hier viele Tipps auch fernab vom Mainstream

blog.reiseland-brandenburg.de Die Infos im Reiseblog des Reiselands Brandenburg kommen von denen, die es von Berufs wegen wissen. Gern geben sie ihr Wissen und so manch aktuellen Tipp weiter und freuen sich über rege Kommentare

www.genpotsdam.blogspot.de Gebürtige Westfalen entdecken als Neu-Potsdamer ihre Wahlheimat. Was fällt ihnen in der Stadt auf, was gefällt ih-

Egal, ob für Ihre Reisevorbereitung oder vor Ort: Diese Adressen bereichern Ihren Urlaub. Da manche sehr lang sind, führt Sie der short.travel-Code direkt auf die beschriebenen Websites. Falls bei der Eingabe der Codes eine Fehlermeldung erscheint, könnte das an Ihren Einstellungen zum anonymen Surfen liegen

nen, was nicht. Mit Witz und einem Augenzwinkern lassen sie die Leser am Alltag in Potsdam teilhaben

short.travel/pot1 Es lohnt sich vor allem für Fotofans, hier ein wenig zu stöbern. Zu finden sind schöne Panoramaaufnahmen von Potsdamer Stadtansichten und von Schloss Sanssouci

www.marcopolo.de/potsdam Interaktive Karten inklusive Planungsfunktion, Impressionen aus der Community sowie aktuelle News und Angebote

VIDEOS & MUSIK

www.potsdamvideo.de Eine nette Einstimmung auf Potsdam: Videos und Sequenzen, die Potsdam und seine Schlösser und Gärten in früheren Jahren bis in die heutige Zeit zeigen

short.travel/pot3 Geschichtsunterricht einmal in anderer Form: Ein historischer, bereits in Farbe gedrehter Ufa-Film von 1933 zeigt die einstige Schönheit Potsdams, die Residenz der Preußenkönige

www.radio-potsdam.de Auf 89,2 MHz sendet der lokale Radiosender, weltweit ist er im Internet via Livestream zu empfangen. Lokalnachrichten, Gute-Laune-Musik, Hitmix, Reiseinfos, Kinotipps usw., das Programm ist vielfältig und auf die Region bezogen

APPS

Potsdam Stadt Gleich mit mehreren Apps wartet die Stadt Potsdam auf. Dieser kleine Alleskönner zeigt Routenvorschläge auf, auf denen Sie zu den bekanntesten historischen Gebäuden Potsdams spazieren können

Potsdam mit Friedrich II. Auf den Spuren des großen Preußenkönigs führt Sie diese von der Stadt Potsdam herausgegebene App – auch eine individuelle Friedrich-II.-Tour lässt sich hiermit zusammenstellen

Parkführer durch Sanssouci Die kleine Parkführer-App beeindruckt durch ihre Informationsfülle. Dank Echtzeitlokalisierung wissen Sie immer genau, wo Sie sind. Alle historischen Sehenswürdigkeiten werden genau beschrieben, ergänzt durch biografische Details der Erbauer und Gestalter des Parks

PRAKTISCHE HINWEISE

ANREISE

Die Stadt ist gut über die Autobahn zu erreichen. Von Norden über den Berliner Ring kommend fahren Sie bis Abfahrt Potsdam Nord und weiter auf der B 273. Kommen Sie von Süden, nehmen Sie die Abfahrt Potsdam Süd und fahren dann weiter auf der B 2.

Potsdam verfügt über direkte Fernverbindungen mit IR-, IC- und ICE-Zügen aus Richtung Westen, ansonsten können Sie die Stadt gut aus allen Richtungen über Berlin erreichen. Von dort nehmen Sie einfach die S-Bahn-Linie 7 nach Potsdam. Sie hält auf den Bahnhöfen *Griebnitzsee, Babelsberg* und auch am *Hauptbahnhof*.

GRÜN & FAIR REISEN

Auf Reisen können auch Sie viel bewirken. Behalten Sie nicht nur die CO_2-Bilanz für Hin- und Rückreise im Hinterkopf *(www.atmosfair.de; de.myclimate.org)* – etwa indem Sie Ihre Route umweltgerecht planen *(www.routerank.com)* – , sondern achten Sie auch Natur und Kultur im Reiseland *(www.gate-tourismus.de; www.ecotrans.de)*. Gerade als Tourist ist es wichtig, auf Aspekte wie Naturschutz *(www.nabu.de; www.wwf.de)*, regionale Produkte, wenig Autofahren, Wassersparen und vieles mehr zu achten. Wenn Sie mehr über ökologischen Tourismus erfahren wollen: europaweit *www.oete.de*; weltweit *www.germanwatch.org*

Fernbuslinien gibt es von vielen deutschen Städten nach Potsdam, beispielsweise von Hamburg, Bremen, Dortmund, Düsseldorf, Frankfurt/Main, Hannover, Nürnberg, München, Stuttgart, Dresden oder Leipzig. Die komfortablen Reisebusse sind günstig, auch freies WLAN ist meist vorhanden. Sie kommen quasi im Stadtzentrum von Potsdam auf dem Bahnhofsvorplatz an.
Da der Markt derzeit sehr in Bewegung ist, wird es in den kommenden Jahren immer wieder zu Veränderungen kommen. Aktuelle Informationen erhalten Sei über *www.fernbusse.de* und *www.busliniensuche.de*.

Der nächstgelegene Flughafen wird der *Flughafen Berlin Brandenburg „Willy Brandt" (BER)* im Süden von Berlin. Bis zu seiner Eröffnung sind die Flughäfen Berlin-Tegel und Berlin-Schönefeld weiterhin in Betrieb.
Potsdam ist durch die im Stundentakt fahrende Regionalbahn RB 22 mit dem neuen Airport verbunden. Oder Sie nehmen den halbstündig verkehrenden Airport-Express RE 9 bis zum Berliner Hauptbahnhof, der (mit je einem Halt an den Bahnhöfen Südkreuz und Potsdamer Platz) rund 30 Minuten benötigt. Vom Berliner Hauptbahnhof fahren Sie dann weiter nach Potsdam mit der S-Bahn-Linie 7.

AUSKUNFT

TOURIST-INFORMATION

Die *Tourist-Information* (119 D2–3) (F5) *(Mo–Sa 9.30–18 Uhr | Luisenplatz 3 | Tel. 0331 27 55 88 99)*, vertreten auch im *Hauptbahnhof* (119 F4)

Von Anreise bis Wetter

Urlaub von Anfang bis Ende: die wichtigsten Adressen und Informationen für Ihre Potsdamreise

(🕮 G6) (Mo–Sa 9.30–18 Uhr) und am *Alten Markt* (119 E3) *(🕮 G6) (Mo–Sa 9.30–18, So 10–16 Uhr)*, erteilt Ihnen Auskünfte, gestaltet individuelle Tages- und Mehrtagesfahrten, bietet unterschiedliche Stadtrundfahrten an, verkauft Publikationen und vermittelt Hotelzimmer und andere Unterkünfte in Potsdam und in der Umgebung. Online unter: *www.potsdamtourismus.de*

BESUCHERZENTRUM DER STIFTUNG PREUSSISCHE SCHLÖSSER & GÄRTEN BERLIN-BRANDENBURG

Besucherzentrum an der Historischen Mühle (123 E3) *(🕮 E5) (Di–So April–Okt. 8.30–17.30, Nov.–März 8.30–16.30 Uhr | An der Orangerie 1 | Tel. 0331 9 69 42 00 | www.spsg.de)*

Besucherzentrum am Neuen Palais (122 A4) *(🕮 C5) (Mo, Mi–So April–Okt. tgl. 9–18, Nov.–März 10–17 Uhr | Am Neuen Palais 3 | Tel. 0331 60 12 99 30)*

FAHRRADVERLEIH

Potsdam per Pedales (April–Okt. tgl. 9–18.30, Sa/So 9–19, außerhalb der Saison Mo–Fr 9–18.30 Uhr) bietet im Bahnhof Griebnitzsee Fahrräder zur Erkundung von Stadt und Umgebung an.
Auch auf dem Potsdamer Hauptbahnhof *(April–Nov. tgl. 9.30–19 Uhr | S-Bahnsteig 6/7, direkt unter der Rolltreppe | Tel. 0331 748 00 57 | www.potsdam-per-pedales.de)* können Sie Fahrräder ausleihen.

FUNDBÜRO

Das städtische Fundbüro befindet sich im Stadthaus (119 E2) *(🕮 F5) (Friedrich-Ebert-Str. 79–81 | Tel. 0331 2 89 15 87)*.

WAS KOSTET WIE VIEL?

Kaffee	**ca. 2 Euro** *eine Tasse*
Bier	**ca. 2,20 Euro** *0,3 l vom Fass*
Führung	**12 Euro** *im Schloss Sanssouci*
Kino	**6 Euro** *im Filmmuseum*
Fahrrad	**ab 11 Euro** *Miete für einen Tag*
Straßenbahn	**1,40 Euro** *Kurzstrecke sechs Haltestellen*

INTERNET/WLAN

Surfen leicht gemacht: Die Potsdamer und Besucher der Stadt können an zehn Hotspots 30 Minuten lang kostenlos ins Internet. Das WLAN-Netz deckt die gesamte Innenstadt ab, dazu gehört auch die Fußgängerzone. Zahlreiche Restaurants, Cafés und Hotels bieten ebenfalls Zugang zum Highspeed-Internet, mitunter gegen eine geringe Gebühr.

NOTRUFE

Polizei (Tel. 110)
Feuerwehr und Notarzt (Tel. 112)
Kassenärztl. Notdienst (Tel. 0331 71 33 00)

ÖFFENTLICHE VERKEHRSMITTEL

Das Straßenbahn- und Busnetz ist gut ausgebaut, sodass jeder schnell an sein Ziel gelangt. Auf acht touristischen Linien

können Sie mit Bus oder Straßenbahn zu den Sehenswürdigkeiten der Stadt fahren. Die bekannteste ist die *Schlösserlinie* mit Bus 695, die den Hauptbahnhof mit dem Park Sanssouci verbindet.
Hilfe im Tarifdschungel bieten die *VIP-Kunden-Hotline (Tel. 0331 6614275 | www.vip-potsdam.de)* und die Kundenzentren in der Wilhelmgalerie, im Hauptbahnhof und in Babelsberg.
Günstig, zeitsparend und erlebnisreich sind Fahrten mit den INSIDER TIPP *Potsdamer Wassertaxis* *(www.potsdamer-wassertaxi.de)*. Sie verkehren wie ein Linienbus nach festem Fahrplan und steuern 13 Stationen zu beiden Seiten der Havel an, u. a. Sacrow, Cecilienhof, Schiffbauergasse. Die Taxis sind täglich von Ende April bis Anfang Oktober unterwegs (April und Oktober nur Sa/So), Fahrscheine erhalten Sie beim Schiffsführer. Wer mitfahren möchte, stellt sich zur Abfahrtszeit auf oder vor den Steg, macht sich also für den Schiffsführer sichtbar.

ÖFFNUNGSZEITEN

Die Ladenöffnungszeiten sind in Potsdam freigegeben: Mo–Sa dürfen die Geschäfte rund um die Uhr öffnen, Gebrauch davon machen allerdings die wenigsten. Kleinere Geschäfte, vornehmlich in der Umgebung Potsdams, haben oft eine Mittagspause. Wer bei den Restaurants sichergehen möchte, sollte sich telefonisch erkundigen. In den Wintermonaten bleiben einige Schlösser geschlossen.

RADFAHRVERBOT

Fußgänger haben in den Parkanlagen von Sanssouci, Neuem Garten und Babelsberg absoluten Vorrang. Fahrräder dürfen nur auf bestimmten Strecken mitgeführt werden, das Fahren in Schrittgeschwindigkeit ist dort zeitweise erlaubt *(April–Sept. 6–21, Nov.–Feb. 8–17, März und Okt. 7–18 Uhr)*. An den Parkeingängen befinden sich Übersichtstafeln, die

WETTER IN POTSDAM

	Jan.	Feb.	März	April	Mai	Juni	Juli	Aug.	Sept.	Okt.	Nov.	Dez.
Tagestemperaturen in °C	2	4	8	13	19	22	23	22	19	13	6	3
Nachttemperaturen in °C	-3	-3	0	3	8	10	13	12	9	5	1	-2
☀	2	2	5	6	8	8	8	7	6	4	2	1
☂	10	9	8	9	8	9	10	9	8	8	9	9

 ☀ Sonnenschein Stunden/Tag ☂ Niederschlag Tage/Monat

die entsprechenden Strecken nennen. Im Park Sanssouci führt eine Fahrradstrecke vom Neuen Palais am Chinesischen Haus vorbei zur Friedenskirche, im Park Babelsberg können Fahrräder vor allem am Ufer des Tiefen Sees genutzt werden, und im Neuen Garten darf u. a. auf dem Ökonomieweg vom Haupteingang an der Alleestraße bis zur Meierei geradelt werden. Wer diesen Bestimmungen zuwiderhandelt, dem wird mit Verwarnungsgeldern bis zu 35 Euro und mit Bußgeld bis zu 10 000 Euro gedroht.

STADTBESICHTIGUNGEN

Jeden Tag 15 Uhr (April–Okt.) bzw. jeden Sa 14 Uhr (Nov.–März) lädt die Tourist-Information zum zweistündigen Spaziergang *(Treffpunkt: Luisenplatz 3 | 9 Euro)* durch die historische Altstadt, der sehr gut zur Einstimmung geeignet ist. Weitere thematische Führungen werden ganzjährig angeboten, so steht montags um 10 Uhr der Alte Markt im Mittelpunkt des Rundgangs *(Treffpunkt: Tourist-Information im Hauptbahnhof | 9 Euro)* samt einer Führung durch den Landtag. Zudem fahren täglich um 12 und 13 Uhr nostalgische Busse vom Hauptbahnhof durch das historische Potsdam und zu den Schlössern: *Kaiser Tour (20 Euro | Tel. 0331 71 09 90 | www.kaiser-tour.de)*. Bei den Hop-on-hop-off-Touren von *Potsdam City Tour (17 Euro | Tel. 030 68 30 26 41 | www.potsdam-city-tour.de)* können Sie beliebig oft ein- und aussteigen.

Geführte *Radtouren* mit Witz und Esprit durch Potsdam und in die Umgebung führt *Potsdam per Pedales (jeden Sa 10.30 Uhr | Tel. 0331 748 00 57 | www.potsdam-per-pedales.de)* durch.

Reizvoll und entspannend ist es, Potsdam und seine Umgebung vom Wasser aus zu entdecken. In der *Marina am Tiefensee (April–Okt. tgl. 9–19 Uhr | Schiffbauergasse 8 | Tel. 0331 8 17 06 17 | www.marina-am-tiefen-see.de)* können dafür führerscheinfreie Boote, Motor- oder Segelyachten gemietet werden. Flöße für bis zu acht Personen und, wenn Sie mögen, auch mit Übernachtung vermietet ● *Huckleberry Tours (Schiffbauergasse 9 | Tel. 030 20 67 49 02 | www.flossstation-potsdam.de)* an der Floßstation gleich nebenan.

Mit dem *Tomis Audioguide* stellen Sie sich Ihre eigene Tour zusammen, Sie brauchen lediglich ein Handy oder einen MP3-Player, auf den Sie die Audiodateien laden. Infos über die *Tourist-Information*. An ausgewählten Stellen können Sie mit dem Handy die Nummer *089 21 08 33 83 31*, gefolgt von der zweistelligen Nummer in der Karte anrufen und erhalten dann eine zwei- bis dreiminütige Info. Für den kostenlosen Service zahlen Sie nur die Anrufgebühr zum deutschen Festnetz.

Mit dem freiwilligen Parkeintritt von 2 Euro in die Parks Sanssouci, Neuer Garten und Babelsberg unterstützen Sie den Erhalt dieser einzigartigen Anlagen.

TAXI

Zentrale Vermittlung rund um die Uhr *(Tel. 0331 29 29 29)*. Im Stadtzentrum gibt es u. a. Standplätze am *Luisenplatz* (119 D3) (*🗺 F5*), *Platz der Einheit* (119 E3) (*🗺 G6*) und *Hauptbahnhof* (119 F4) (*🗺 G6*). *www.taxi-potsdam.de*

VERANSTALTUNGSTIPPS

Aktuelle Tipps erhalten Sie unter *Tel. 0331 27 55 88 99* oder *www.potsdamtourismus.de* und im „Stadtmagazin Potsdam" *(www.events-potsdam.de)* sowie auch in „Potsdam life" *(www.potsdamlife.de)* und im „Top-Magazin Potsdam" *(www.tmm.de)*, die vier- bis fünfmal jährlich erscheinen.

CITYATLAS

Verlauf der Erlebnistour „Perfekt im Überblick"
Verlauf der Erlebnistouren

Der Gesamtverlauf aller Touren ist auch in der herausnehmbaren Faltkarte eingetragen

 Bild: Hans-Otto-Theater

Unterwegs in Potsdam

Die Seiteneinteilung für den Cityatlas finden Sie auf dem hinteren Umschlag dieses Reiseführers

A
B
C
300 m
328 yd
Persiusturm
Weißer See
Angler-kolon
Fahrländer
Lerchen-steig
Lerchen-
Am Weißen See Damm
Hain-holzstr.
Strandweg
Kläranlage
Schäfer-remise
kamp
Am Golf-platz
220
Sozialdorf Lerchensteig (AWO)
Schneider-remise
Schneider-weg
Linden-allee
Eichel-
Augustenruh
Grenz-allee
Amundsen-straße
Reiherstand
Garten
Schräger Weg
1= Am Phloxgarten
Werner-
Weg
Nerlich-Bogen
Flora-straße
Amtsstraße
Kolonie Am Beeren-busch
Kolonie Eintracht
8 = Friedrich-Kunert-Weg
9 = Max-Wundel-Str.
10 = Nietnerstraße
11 = Ludwig-Lesser-Str.
12 = Gustav-Meyer-Str.
13 = Luzernstraße
14 = Opolestraße
Bornstedt
Verlängerte Amtsstraße
Bornimer Feldflur
Birnenweg
Apfelweg
Pomonaring
Staudenweg
Staudengärtnerei Foerster
Am Raub-fang
1 = Zum Reiherstand
2 = Bussardweg
3 = Herta-Hammerbacher-Str.
4 = Walter-Funcke-Str.
5 = Herm.-Göritz-Str.
6 = Heisenbergstr.
7 = Von-Klitzing-Str.
Thaerstr.
Zum Lausebusch
Zum Kurzen Feld
Potsdamer Straße
Katharinen-holz
443
444
Einkaufs-zentr.
Thaer-str.
Habicht-weg
Siegwald-Sprötter-Str.
Haeberlinweg
Am Krongut
Blumenstr.
Grund-sch.
Sport-pl.
Kita
Erwin-Barth-Str.
Alexander-Klein-Str.
Ludwig-Boltzmann-Str.
Neue Kirsch-allee
Charles-Tellier-Platz
Pappel-allee
Fach-hochschule
Schul-pl.
Johan-Bouman-Pl.
Peter-Behrens-Str.
Mies-v.-d.-Rohe-Str.
Stadtteil Jägervors
Reiher-weg
Katharinen-holz-str.
Normannischer Turm
74
Ruinenberg
Institut f. Gerichtl.Medizin
Schloss Lindstedt
Lindstedter Chaussee
Lendel-allee
Teufelsgraben
Grabenstr.
Ribbeck-straße
Born-stedter See
Krongut Bornstedt
Bornstedter Str.
1=Moritz-von-Egidy-Str.
2=An den Gärten
3=An der Einsiedelei
4=Ulanenweg
Eichen-allee
Fried-hof
Am Drachen-berg
Belvedere
Lindstedter Tor
Drachen-haus
Orangerie
273
118
1
2
3
4
5
6

Stadtteil Neu Fahrland
Königswald
Tschudistr.
Am Durchstich
Am Großen Horn
Großes Horn
Brücke d. Friedens
Wasserwerk
Nedlitzer Straße
Straße nach Sacrow
Ausflugsverkehr
Jungfernsee
Konrad-Zuse-Ring
Am Jungfernsee
Emmy-Noether-Str.
Hermann-Weyl-Str.
Carl-Gustav-Jacobi-Str.
Carl-Adam-Petri-Str.
Nedlitzer Holz
=An der Roten Kaserne
=Friedrich-Klausing-Straße
=Bruno-Taut-Straße
Remisenpark
Golfplatz
Am Golfplatz
Fritz-von-der-Lancken-Straße
Bertiniweg
Bertinistraße
Graf-v.-Schwerin-Str.
Vogelweide
Volkspark
Viereckremise
Peter-Huchel-Str.
E.-Arendt-Str.
Am Reiherbusch
Nelkenweg
Rosenweg
Am Pfingstberg
Wasserturm
Höhenstraße
Anlegestelle
ehem. Meierei
Stadtteil Nauener Vorstadt
Am Hang
Pfingstberg
Belvedere
Pomona Tempel
Jüd. Friedhf.
Orthodoxer Friedhof
Esplanade
Waldpark
ehem. BUGA-Gelände
Biosphäre Potsdam
Potsdam
Schloss Cecilienhof
Gedenkstätte
Neuer Garten
Pyramide
1=Große Weinmeisterstraße
Heiliger See
Langhansstr.
Leistikowstr.
Pfingstkirche
Gundsch.
Glumestr.
Puschkinallee
Russische Kirche "Alex. Newski"
Kapellenberg
Russische Kolonie
Persiusstr.
Hessestr.
Kleine Weinmeisterstr.
Große Weinmeisterstraße
Schindelhs.
Marmorpalais
Park-Gärtnerei
Obelisk
Orangerie
Amt f. Kultur
Weißes Hs.
Astronom. zentrum
B.-H.-Bürgel
Portiershs.
Braunes Hs.
Treffpunkt Freizeit
Gotische Bibliothek
Kiepenheuerallee
Fachhochschule
Am Schragen
Alexandrowka
Pappelallee
Reiterweg
Alleestr.
Am Neuen Garten
Eisenhartstraße
Hebbelstr.
Bertha-v.-Suttner-Str.
Christus-k.
Behlertstr.
Sporthalle
Jägerallee
Voltaireweg
Brentanow.
J.-Goercke-Allee
Garde-Ulanen-Kas.
Amt f. Soz. u. Versorg.
Helene-Lange-Str.
Stadtverwaltung Potsdam
Kultura.
Mangerstr.
Seestraße
Kultur-zentr.
Kita
Berliner Str.
119

A
B
C
1
2
3
4
5
6
Königswald
Zedlitzberg 66
Sacrower
See
Weinberg
Badestelle
Weinmeisterweg
Sport-pl.
Schiffgraben
Krampnitzer Straße
Sacrow
Friedhf.
Kap.
Schloss Sacrow
Schlosspark Sacrow
Fähr-str.
Heilands-k.
Römerbank
Jungfern-
see
Straße nach Sacrow
Schwarzer Berg 59
Riesterhorn
Anlegestelle
Bertinistraße
ehem. Meierei
Stadtteil
Nauener Vorstadt
Rettungsstation
Quapphorn
Schloss Cecilienhof
Gedenkstätte
Grünes Haus
Neuer Garten
Neuer Garten
Pyramide
1=Große Weinmeisterstraße
Schindelhs.
Marmorpalais
Obelisk
Orangerie
Heiliger
See
Hasengraben
Schwanenbrücke
Matrosenstation
Schwanenallee
BERLIN
POTSDAM
Havel
Persiusbr.
Matrosenhs.
Schloss-garten
Schloss Glienicke
Glienicker Br.
Königstraße
Anlegestelle
Jagdschloss Glienicke
Heimvolkshochschule
Glienicker Lake
Villa Schöningen
Stadtteil
Berliner
Vorstadt
Böcklinstraße
Menzelstr.
Rembrandtstr.
Tizianstr.
Ludwig-Richter-Str.
Seestraße
Rubensstraße
Dürerstr.
Mühlenweg
Altenhm.
Bundesverm.amt
Eichamt
Sport-pl.
Glienicker Horn
Oberst.-zentr.
Hs. der Jugend
Yachthafen
Kita
Kulturzentr.
Babelsberger Enge
Umfahrweg
Schloss Babelsberg
Schlossmus.
Kleines Schloss
Park
Babelsberg
Gerichtslaube
Matrosenhaus
Flatowturm
Friedr.-Wilhelm-Höhe
Tiefer
See
Berliner Straße
Helmholtzstr.
Otto-Nagel-Str.
Mangerstr.
Gotische Bibliothek
Behlertstr.
Hans-Thoma-Str.
120

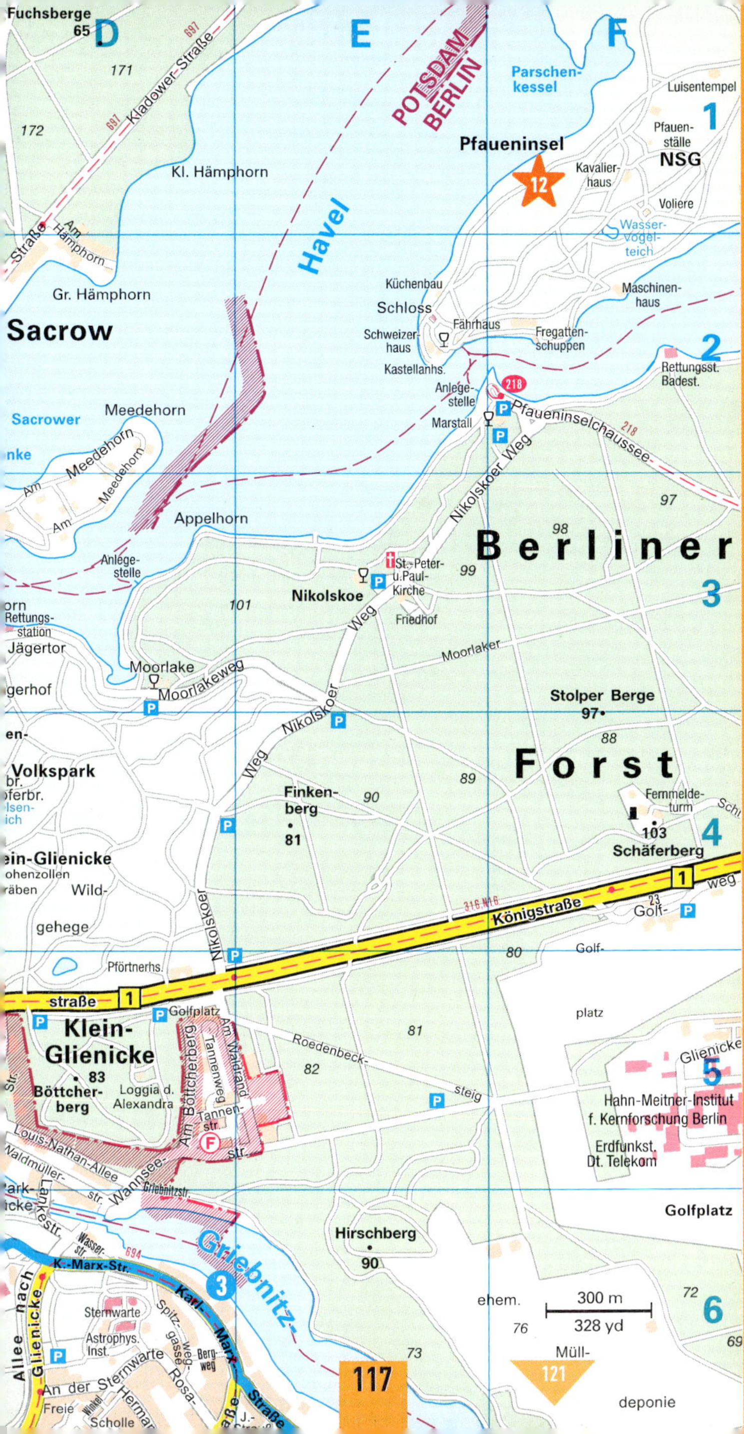

Fuchsberge
65
D
E
F
Kladower Straße
697
171
172
Kl. Hämphorn
Am Hämphorn
Gr. Hämphorn
Sacrow
Havel
POTSDAM
BERLIN
Parschenkessel
Luisentempel
1
Pfauenställe
NSG
Pfaueninsel
12
Kavalierhaus
Voliere
Wasservogelteich
Küchenbau
Schloss
Maschinenhaus
Fährhaus
Schweizerhaus
Fregattenschuppen
2
Rettungsst. Badest.
Kastellanhs.
Anlegestelle
218
Marstall
Pfaueninselchaussee
Sacrower
Meedehorn
Am Meedehorn
Nikolskoer Weg
97
98
Appelhorn
Berliner
Anlegestelle
St.-Peter-u.Paul-Kirche
99
3
Nikolskoe
101
Rettungsstation
Jägertor
Friedhof
Moorlaker
Moorlake
Moorlakeweg
Stolper Berge
97
88
Nikolskoer Weg
Volkspark
Forst
89
Finkenberg
81
90
Fernmeldeturm
103
Schäferberg
4
Klein-Glienicke
Wildgehege
Nikolskoer
Königstraße
316 N16
23
Golf-weg
80
Golf-platz
Pförtnerhs.
straße
1
Golfplatz
Klein-Glienicke
83
Böttcherberg
Loggia d. Alexandra
Am Böttcherberg
Tannenweg
Am Waldrand
Tannenstr.
Roedenbeck-steig
81
82
Glienicke
5
Hahn-Meitner-Institut f. Kernforschung Berlin
Erdfunkst. Dt. Telekom
Louis-Nathan-Allee
Waldmüllerstr.
Wannsee-
Griebnitzstr.
Lankestr.
Golfplatz
Hirschberg
90
Griebnitz-
694
K.-Marx-Str.
Karl-Marx-Straße
3
Sternwarte
Astrophys. Inst.
Allee nach Glienicke
Spitzweggasse
Rosa-
Bergweg
An der Sternwarte
Freie Scholle
ehem. Müll-deponie
300 m
328 yd
72
76
73
69
6
121

114

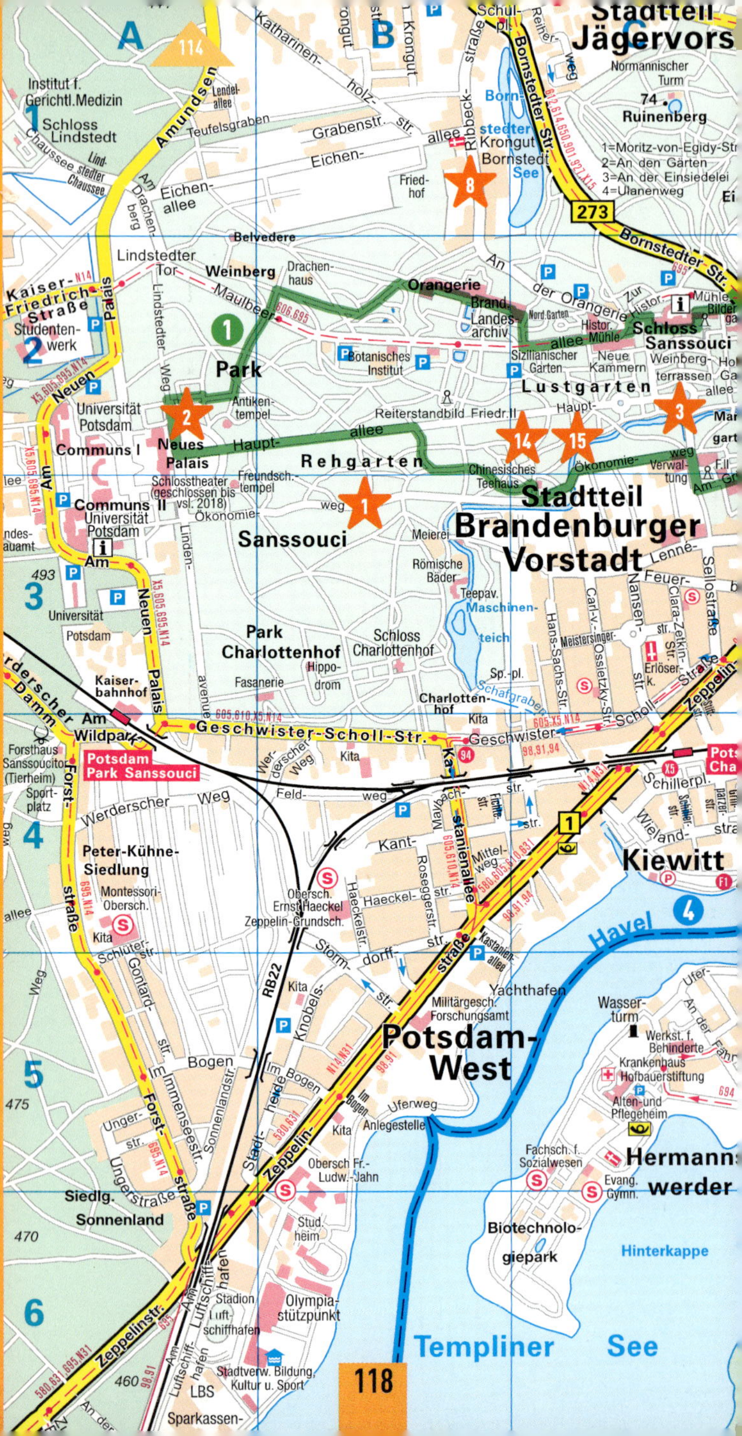
A
B
C
1
2
3
4
5
6
Stadtteil Jägervorstadt
Normannischer Turm
74
Ruinenberg
1=Moritz-von-Egidy-Str.
2=An den Gärten
3=An der Einsiedelei
4=Ulanenweg
Institut f. Gerichtl. Medizin
Schloss Lindstedt
Lindstedter Chaussee
Amundsen
Lendelallee
Teufelsgraben
Katharinenholzstr.
Krongut
Grabenstr.
Eichenallee
Ribbeckstraße
Bornstedter Krongut Bornstedt
Bornstedter See
Bornstedter Str.
Reiherweg
Friedhof
Am Drachenberg
273
Belvedere
Lindstedter Tor
Weinberg
Drachenhaus
Maulbeerallee
Orangerie
Brand. Landesarchiv
An der Orangerie
Nord. Garten
Histor. Mühle
Zur Histor. Mühle
Schloss Sanssouci
Kaiser-Friedrich-Straße
Studentenwerk
Park
Botanisches Institut
Sizilianischer Garten
Neue Kammern
Weinbergterrassen
Lustgarten
Neuen Palais
Universität Potsdam
Antikentempel
Reiterstandbild Friedr. II
Hauptallee
Communs I
Neues Palais
Rehgarten
Chinesisches Teehaus
Ökonomieweg
Verwaltung
Stadtteil Brandenburger Vorstadt
Communs II
Universität Potsdam
Schlosstheater (geschlossen bis vsl. 2018)
Freundsch.-tempel
Sanssouci
Meierei
Römische Bäder
Lindenavenue
493
Universität Potsdam
Teepav.
Maschinenteich
Park Charlottenhof
Schloss Charlottenhof
Hippodrom
Fasanerie
Hans-Sachs-Str.
Carl-v.-Ossietzky-Str.
Meistersingerstr.
Nansenstr.
Clara-Zetkin-Str.
Feuerbachstr.
Lennéstr.
Sellostraße
Erlöser-K.
Kaiserbahnhof
Charlottenhof
Sp.-pl.
Schafgraben
Werderscher Damm
Am Wildpark
Geschwister-Scholl-Str.
Kita
Forsthaus Sanssouci (Tierheim)
Potsdam Park Sanssouci
Sportplatz
Werderscher Weg
Feldweg
Kastanienallee
Zeppelinstraße
Schillerpl.
Wielandstr.
Kiewitt
Forststraße
Peter-Kühne-Siedlung
Montessori-Obersch.
Kita
Kantstr.
Roseggerstr.
Haeckelstr.
Mittelweg
Obersch. Ernst Haeckel
Zeppelin-Grundsch.
Havel
4
Schlüterstr.
Gontardstr.
Stormstr.
Dortustr.
Yachthafen
Militärgesch. Forschungsamt
Wasserturm
Uferweg
Potsdam-West
Knobelsdorffstr.
RB22
Kita
Werkst. f. Behinderte
Krankenhaus Hofbauerstiftung
Alten- und Pflegeheim
Im Bogen
Stadtheide
Immenseestr.
Sonnenlandstr.
475
Ungerstr.
Anlegestelle
Kita
Oberschule Fr.-Ludw.-Jahn
Fachsch. f. Sozialwesen
Evang. Gymn.
Hermannswerder
Ungerstraße
Siedlg. Sonnenland
470
Stud. heim
Biotechnologiepark
Hinterkappe
Am Luftschiffhafen
Stadion Luftschiffhafen
Olympiastützpunkt
Zeppelinstr.
Templiner See
460
LBS
Stadtverw. Bildung, Kultur u. Sport
Sparkassen-

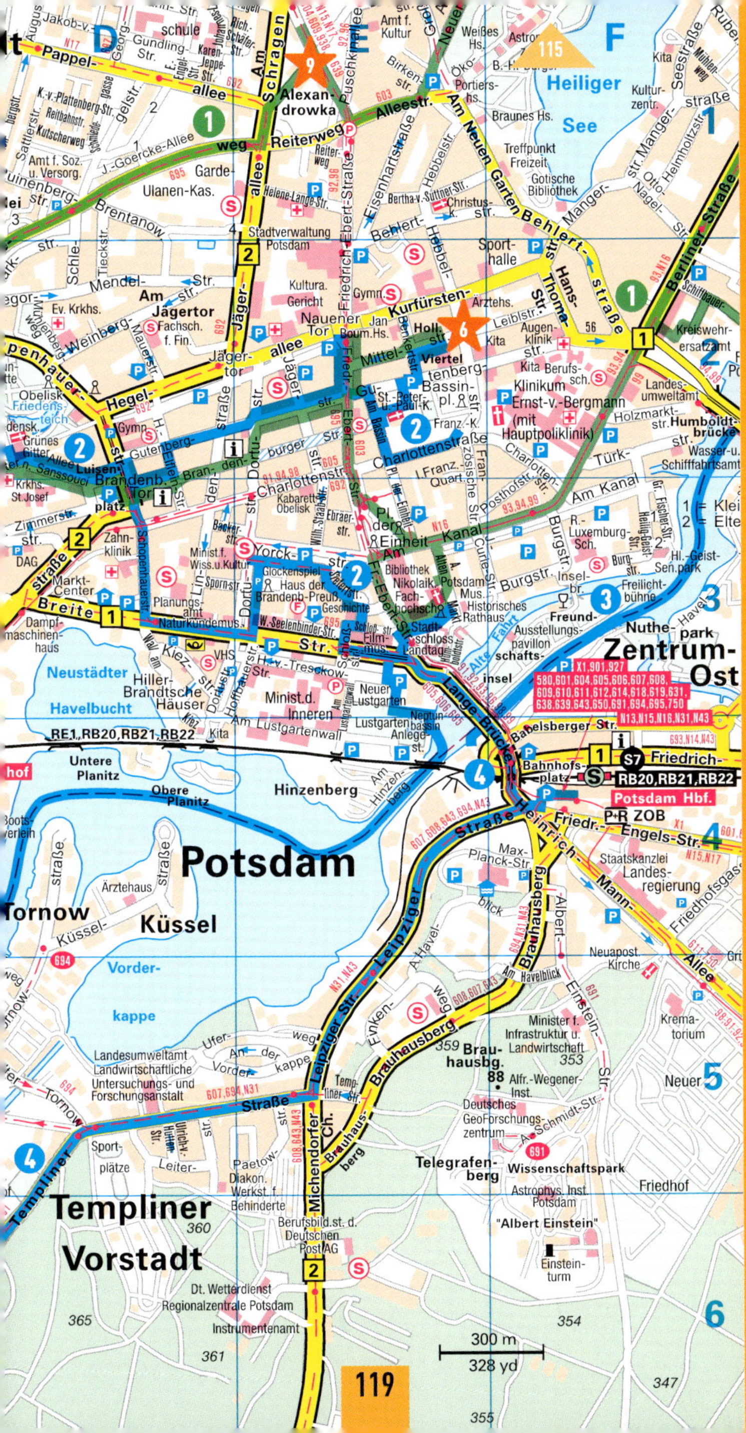

Potsdam
Zentrum-Ost
Templiner Vorstadt
Tornow
Küssel
Heiliger See
Neustädter Havelbucht
Untere Planitz
Obere Planitz
Hinzenberg
Vorderkappe
Telegrafenberg
Brauhausbg.
Alexandrowka
Pappelallee
Reiterweg
Alleestr.
Am Neuen Garten
Behlertstraße
Berliner Straße
Kurfürstenstr.
Hegelallee
Jägerallee
Jägertor
Nauener Tor
Holländisches Viertel
Bassinpl.
Charlottenstraße
Brandenburger Tor
Luisenplatz
Breite Str.
Lange Brücke
Friedrich-Ebert-Straße
Am Kanal
Yorckstr.
Dortustr.
Schopenhauerstr.
Am Lustgartenwall
Lustgarten
Neuer Lustgarten
Babelsberger Str.
Bahnhofsplatz
Potsdam Hbf.
ZOB
RB20,RB21,RB22
RE1,RB20,RB21,RB22
S7
Friedrich-Engels-Str.
Heinrich-Mann-Allee
Leipziger Str.
Brauhausberg
Albert-Einstein-Str.
Templiner Straße
Michendorfer Ch.
Stadtverwaltung Potsdam
Klinikum Ernst-v.-Bergmann (mit Hauptpoliklinik)
Nikolaikirche
Altes Rathaus
Landtag
Hiller-Brandtsche Häuser
Minist.d. Inneren
Wissenschaftspark
Astrophys. Inst. Potsdam
"Albert Einstein"
Einsteinturm
Deutsches GeoForschungszentrum
Alfr.-Wegener-Inst.
Dt. Wetterdienst Regionalzentrale Potsdam
Landesumweltamt
Freundschaftsinsel
Nuthepark
Friedhof
Krematorium
Staatskanzlei
Landesregierung
Neuapost. Kirche
Minister f. Infrastruktur u. Landwirtschaft
Ulanen-Kas.
Sport-halle
Gotische Bibliothek
Braunes Hs.
Weißes Hs.
300 m
328 yd
115
D
E
F
1
2
3
4
5
6

A
B
C
1
2
3
4
5
6
116
Heiliger See
Seestraße
Kultur-zentr.
Kita
Alten-hm.
Bundesverm.amt
Eich-amt
Sport-pl.
Glienicker Horn
Glienicker Lanke
Int. Begegnungsst.
Yachthafen
Oberst.-Zentr.
Hs. der Jugend
Babelsberger Enge
Schloss Babelsberg
Wasserwerk
Schlossmus.
Kleines Schloss
Universität Potsdam
Park
Gerichtslaube
Tiefer
See
Anlegestelle
Matrosenhaus
Flatowturm
59
Generalseiche
Babelsberg
Friedr.-Wilhelm-Höhe
Siegessäule
77
Grüner Weg
Berliner Straße
Helmholtzstr.
Behlert-str.
Schiffbauergasse
11
Hans-Otto-Theater
Strandbad Babelsberg
Bootsverleih
Kreiswehrersatzamt
Fabrik Potsdam
Kutscherhs.
Landesumweltamt
Humboldtbrücke
Rettungsstation
Holzmarkt-str.
Kindermann-see
Hofgärtnerhs.
Gr. See
Sportpl.
K.-Liebknecht-Stadion
Wasser-u. Schifffahrtsamt
Nuthe-straße
Am Kanal
1 = Kleine Fischerstr.
2 = Eltesterstr.
Jugendclub
Hl.-Geist-Sen.park
Freilichtbühne
Humboldtring
J.-P.-Lenné-Obersch.
H.-Marchwitza-Ring
Mühlentor
Weberviertel
Nowawes
Allee
Spindelstr.
Karl-Gruhl-Str.
Pasteurstr.
Semmelweis
Turnstr.
Bruno-H.-Bürgel-Grundsch.
Friedrichs-k.
Tuchmacher-str.
Luther-str.
JHK-Bildungszentr.
Weber-pl.
Nuthepark
Havelstr.
Lotte-Kita
Grundsch.
Zentrum-Ost
Pulewka-Str.
Edison-allee
Behindertensch.
Oberlinhs.
Kulturhaus Babelsberg
Wichgrafstr.
Rudolf-Breitscheid-Str.
Babelsberger Str.
Jug.-gästehs.
Friedrich-List-Straße
S7, RB20, RB21, RB22
RE1
Potsdam Hbf.
P+R ZOB
Johannsenstr.
RB21
Babelsberg
Karl-Liebknecht-Straße
Voltastr.
Daimlerstr.
Schulstr.
Watt-str.
Fultonstr.
Goethe-sch.
Friedrich-Engels-Straße
Luther-pl.
Neuendorfer Anger
Großbeerenstr.
Dieselstraße
F.-Engels-Straße
Staatskanzlei
Landesregierung
Haus der Wirtschaft
Schlaatzweg
Friedhofsgasse
1 = Bergholzer Str.
Kleingärten
Alter Friedhof
Grünflächenamt
Kurze Str.
Neuapost. Kirche
Stadtteil Teltower Vorstadt
Horstweg
Nuthe
Horstbrücke
Heinrich-Mann-Allee
Krematorium
Neuer Friedhof
Am Alten Friedhof
Tennis-pl.
Daheim
Sport-halle
Sport-pl.
Humboldtgymn.
Min.f.Landw.,Umwelt u. Raumordnung
Ag.f.Arbeit
Landesvermessung (LGB)
Kita
Jug. soziala.
Agentur f. Arbeit
Wissenschaftspark "Albert Einstein"
Dreves-str.
Kunersdorfer Str.
Minist. f. Soziales,Gesundheit, Arb. u. Fr.
Staatsanw.-schaft
Ärztehaus
Arbeiterwohlfahrt
Teltower Damm
An der Alten Zauche
Falken-horst
Habicht-horst
Milan-horst
Schilf-hof
Erlenhof
Binsenhof
Ärztehs.
Weidenhof
Am Nuthetal
Allg. Förderschule
Br. Rehdorf
Brunnen-weg
Kottmeier-str.
H.-Muthesius-Str.
Julius-Posener-Str.
Heidereuter-weg
346
339
347
300 m
328 yd

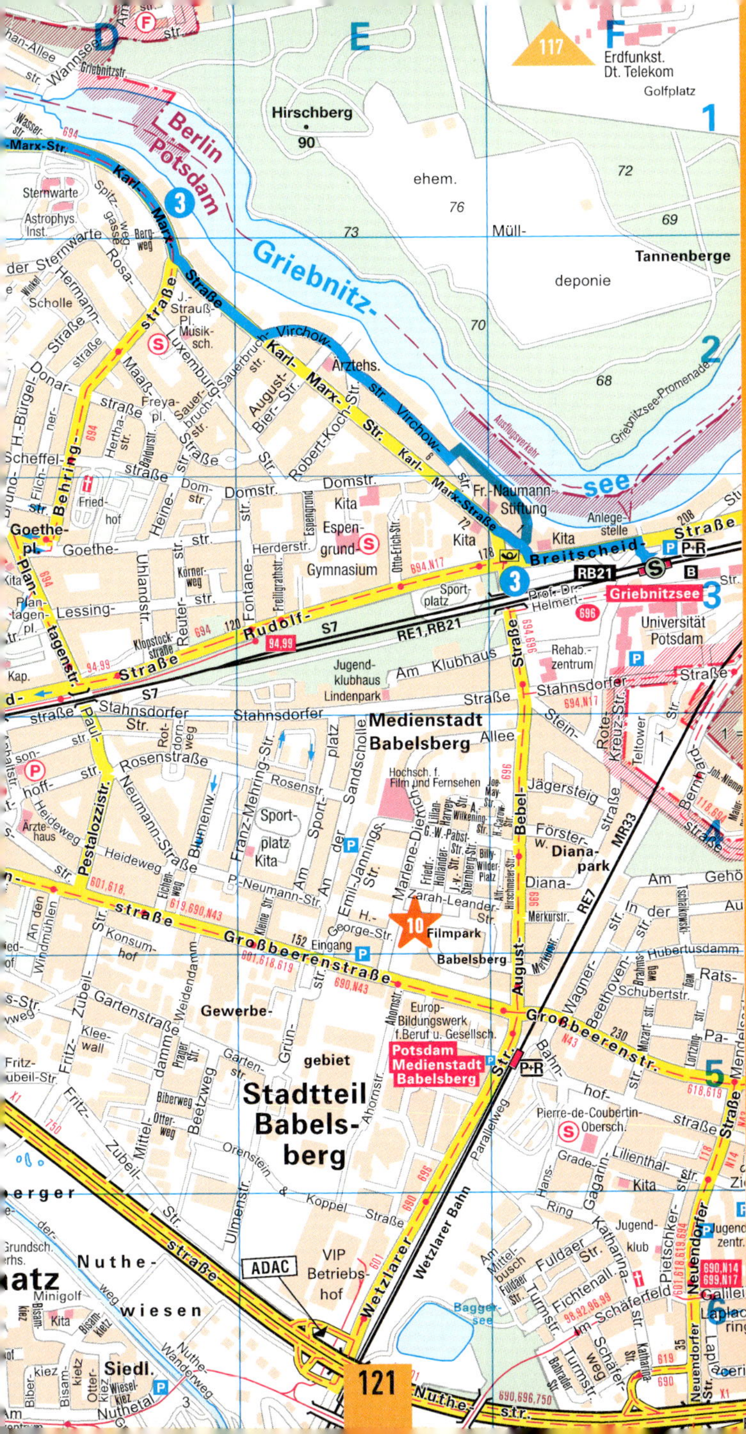

D
E
F
117
Erdfunkst.
Dt. Telekom
Golfplatz
1
2
3
4
5
6
Hirschberg
90
ehem.
Müll-
deponie
Tannenberge
72
76
73
69
70
68
Berlin
Potsdam
Griebnitz-
see
Griebnitzsee-Promenade
Ausflugsverkehr
Wannsee
Griebnitzstr.
Wasser-str.
Karl-Marx-Str.
Karl-Marx-Straße
Sternwarte
Astrophys. Inst.
Spitz-weg-gasse
Rosa-
Berg-weg
der Sternwarte
Hermann-
Winkel
Scholle
Straße
J.-Strauß-Pl.
Musik-sch.
Luxemburg-straße
Virchow-str.
Sauerbruch-str.
Ärztehs.
August-Bier-Str.
Robert-Koch-Str.
H.-Bürgel-
Donar-straße
Freya-pl.
Maaß-straße
Hertha-str.
Baldurstr.
Sauer-bruch-str.
Scheffel-straße
Fich-te-str.
Behring-
Fried-hof
Dom-str.
Domstr.
Kita
Espen-grund-
Gymnasium
Espengrund
Otto-Erich-Str.
Fr.-Naumann-Stiftung
Anlege-stelle
Kita
Breitscheid-Straße
208
P+R
RB21
Griebnitzsee
B
Str.
Goethe-pl.
Goethe-
Uhlandstr.
Heine-str.
Körner-weg
Herderstr.
Freiligrathstr.
Fontane-str.
Sport-platz
Prof.-Dr.-Helmert-Str.
Universität Potsdam
Plan-tagen-pl.
Plantagenstr.
Lessing-
Reuter-str.
Klopstock-straße
Rudolf-Straße
S7
RE1,RB21
Rehab.-zentrum
Jugend-klubhaus
Lindenpark
Am Klubhaus
Stahnsdorfer Straße
Stahnsdorfer Str.
Kap.
Paul-
Rot-dorn-weg
Medienstadt Babelsberg
Allee
Stein-
Rote-Kreuz-Str.
Teltower
Bernhard-
Joh.-Niemeyer-
Rosenstraße
Rosenstr.
Franz-Mehring-Str.
platz
Sandscholle
Hochsch. f. Film und Fernsehen
Joe-May-Str.
Jägersteig
Sport-platz
Kita
Ärzte-haus
Heideweg
Heideweg
Neumann-Straße
Blumenw.
Am Sport-
An der
Emil-Jannings-Str.
Marlene-Dietrich-
Lilian-Harvey-
G.-W.-Pabst-Str.
Billy-Wilder-Platz
Förster-w.
Diana-park
Diana-
Am
Gehö
Pestalozzistr.
Eichen-weg
P.-Neumann-Str.
Zarah-Leander-Str.
Merkurstr.
MR33
RE7
In der
Tschaikowski-
An den Windmühlen
Konsum-hof
Kleine Str.
H.-George-Str.
Eingang
10
Filmpark
Babelsberg
Großbeerenstraße
Hubertusdamm
Rats-
Gartenstraße
Zubeil-
Weidendamm
Gewerbe-
Grün-
Ahornstr.
Europ-Bildungswerk f.Beruf u. Gesellsch.
August-Bebel-Str.
Wagner-
Beethoven-
Brahms-weg
Schubertstr.
Mozart-
Lortzing-
Großbeerenstr.
230
Klee-wall
Prager Str.
Garten-str.
gebiet
Potsdam Medienstadt Babelsberg
Bahn-hof-straße
Fritz-Zubeil-Str.
Stadtteil Babelsberg
Biberweg
Otter-weg
Beetzweg
Pierre-de-Coubertin-Oberschule
Mendelss
Orenstein & Koppel Straße
Ulmenstr.
Parallelweg
Hans-Grade-Ring
Gagarin-
Lilienthal-str.
Kita
Jugend-klub
Pietschker-
Neuendorfer Straße
Jugend zentr.
Wetzlarer Bahn
Wetzlarer Str.
Nuthe-wiesen
Grundsch.
atz
Minigolf
Bisam-kiez
Kita
ADAC
VIP Betriebs-hof
Am Mittel-busch
Fuldaer Str.
Turmstr.
Fichtenall.
Im Schäferfeld
Katharina-str.
Schäfer-weg
Bagger-see
Galilei
Laplace-ring
Siedl.
Biber-kiez
Otter-kiez
Wiesel-kiez
Nuthetal
Nuthe-Wanderweg
Nuthestr.
Tuchr-

121

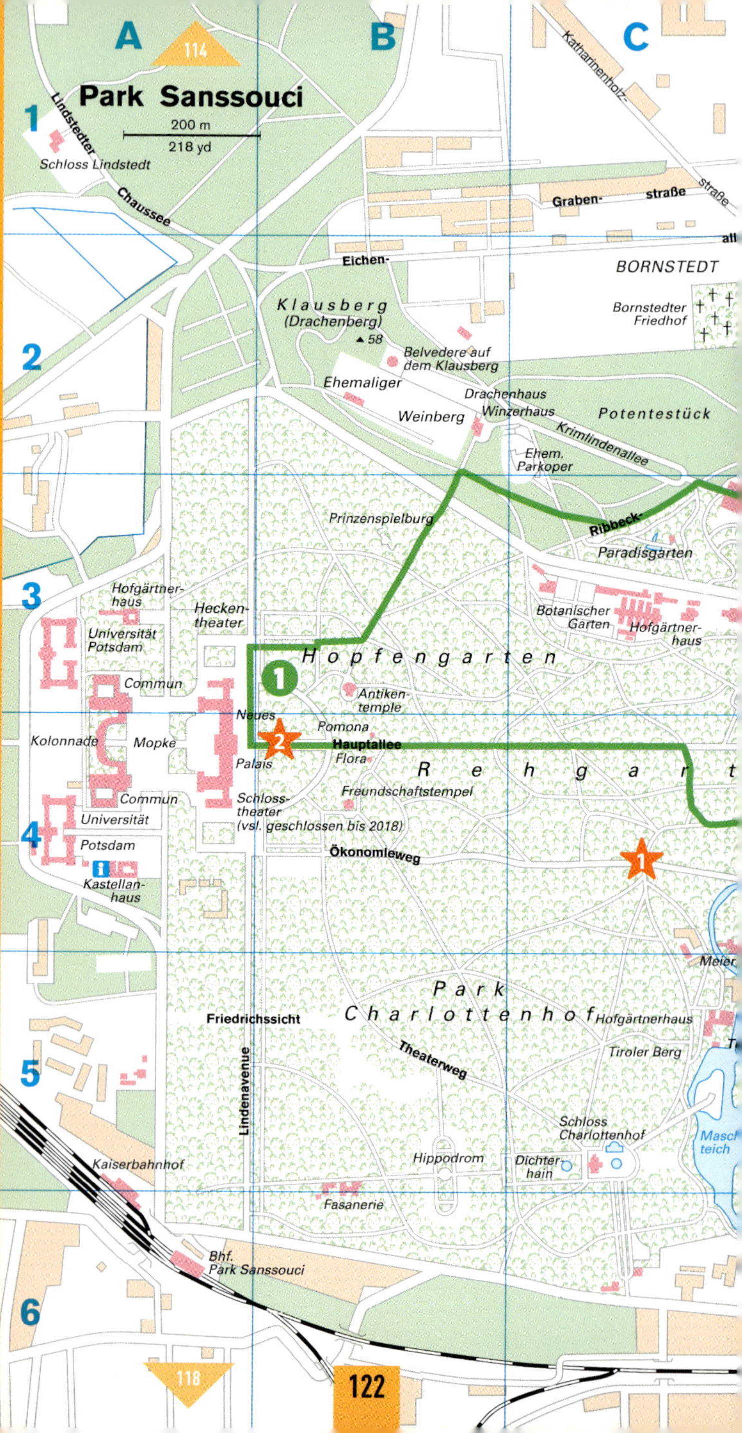
Park Sanssouci
200 m
218 yd
A
B
C
114
118
1
2
3
4
5
6
Schloss Lindstedt
Lindstedter Chaussee
Katharinenholz-straße
Graben-straße
Eichen-
all
BORNSTEDT
Bornstedter Friedhof
Klausberg (Drachenberg)
58
Belvedere auf dem Klausberg
Ehemaliger Weinberg
Drachenhaus
Winzerhaus
Potentestück
Krimlindenallee
Ehem. Parkoper
Prinzenspielburg
Ribbeck-
Paradisgarten
Hofgärtner-haus
Universität Potsdam
Hecken-theater
Botanischer Garten
Hofgärtner-haus
Hopfengarten
Commun
Antiken-temple
Neues
Palais
Pomona
Hauptallee
Flora
Kolonnade
Mopke
Rehgart
Commun
Schloss-theater (vsl. geschlossen bis 2018)
Freundschaftstempel
Universität Potsdam
Ökonomieweg
Kastellan-haus
Meier
Park Charlottenhof
Friedrichssicht
Hofgärtnerhaus
Tiroler Berg
Theaterweg
Lindenavenue
Schloss Charlottenhof
Masch teich
Kaiserbahnhof
Hippodrom
Dichter-hain
Fasanerie
Bhf. Park Sanssouci

D
E
F
115
Volkspark Potsdam
1
Ruinenberg
Normannischer Turm
74
straße
Ruinenberg-
Hofgärtnergräber
Krongut Bornstedt
Bornstedter See
8
Ribbeck-
An der Einsiedelei
2
Marstallkoppel
An der Orangerie
Orangerie
1
straße
Park-
Gregor-Mendel-Straße
3
Nordischer Garten
Maulbeerallee
Hist. Mühle
Schloss Sanssouci
3
Gruft Friedrich II.
Hundegräber
Kavalierhaus
Winzerhaus
Sizilianischer Garten
Neue Kammern
Rosengarten
Weinbergterrassen
Holländischer Garten
Bildergalerie
Ehemaliger Winzerberg
Neptungrotte
Schopenhauerstr.
Lustgarten
Hauptallee
14
15
Glockenfontäne
Große Fontäne
Kleine Fontäne
Obelisk
Hauptallee
Friedenshaus
Friedensteich
Friedensk.
Gruft Fr.-Wilhelm IV.
Mausoleum Fr.-Wilh. I. und Fr. III.
Marlygarten
4
1
Chinesisches Haus
Ökonomieweg
Villa Eulenburg
Melonerie
Villa Illaire
Kavalierhaus (Schloss Marly)
2
Ökonomieweg
Teeküche
Schafgraben
Am Grünen Gitter
Ananashaus
Allee nach Sanssouci
Villa Liegnitz
Marschall-Keith-Haus
Lennéstraße
Lenné-
straße
Lenné-
straße
Zimmer-
Zimmerplatz
straße
straße
Feuerbach-
straße
5
Markthalle
Sello-
straße
Dampfmaschinenhaus
Hans-Sachs-Straße
Carl-von-Ossietzky-Straße
Nansen-Straße
Clara-Zetkin-Straße
BRANDENBURGER VORSTADT
Meistersinger-
straße
Erlöserkirche
Auf dem Kiewitt
Neustädter Havelbucht
6
Schafgraben
Bhf. Charlottenhof
119

A
B
C
1
2
3
4
5
6
Wustermark
Elstal
Wachow
Tremmen
Etzin
Ketzin/Havel
Roskow
Groß Kreutz (Havel)
Werder (Havel)
Potsdam-Nord
Marquardt
Golm
Geltow
Glindow
Petzow
Schwielowsee
Ferch
Lehnin
Kloster Lehnin
Beelitz
Beelitz-Heilstätten
Dreieck Werder
Dreieck Potsdam
Borkwalde
Fichtenwalde
Busendorfer Heide
Rauhe Berge
Deutsche Alleenstr.
Erlebnisstr. der deutschen Einheit
Havel
Zauche
4 km
2.49 mi

FALKENSEE
Finkenkrug
Seegefeld
Dallgow-Döberitz
Neurohrbeck
Spandau
Neustadt
Neustaaken
Zitadelle
Hakenfelde
Jungfernheide
Flugh. Berlin-Tegel (Otto Lilienthal)
TXL
Haselhorst
Siemensstadt
Hohenzollernkanal
Spree
Staaken
Klosterfelde
Ruhleben
Olympiastadion
Westend
Charlottenburg
Hasenheidenberg
Hahneberg
Wilhelmstadt
Waldbühne
Champagnerberg
Seeburg
Pichelsdorf
Funkturm
Messe
BERLIN
Teufelsberg
Stadion
Finkenberg
Gatow
Grunewald
Erlebnisstr. d. deutschen Einheit
Luftwaffenmuseum
Hohengatow
Grunewald-Turm
Groß Glienicke
Groß Glienicker See
Fahrland
Hüttenweg
Havelberg
Schmargendorf
Jagdschloss
Grunewaldsee
Dahlem
Krumme Lanke
Museum Dahlem
Botanischer Garten
Krampnitz
Lehnitzsee
Neu Fahrland
Havel
Schwanenwerder
Kladow
Zehlendorf
Sacrower See
Römerschanze
Pfaueninsel
Großer Wannsee
Spanische Allee
Nedlitz
Sacrow
Kirche Peter u. Paul
Wannsee
Schloss Cecilienhof
Nikolassee
Museumsdorf Düppel
Lichterfelde
Bornstedt
Kreuz Zehlendorf
Klein-machnow
Schloss Glienicke
Klein Glienicke
Griebnitzsee
Dreilinden
Schönow
Seehof
Holländisches Viertel
Schloss Babelsberg
Hakeburg
Teltow
Schloss Sanssouci
Park Sanssouci
ehem. Rathaus
Babelsberg
Kleinmachnow
Teltowkanal
Steinstücken
Nikolaikirche
Berg
Filmpark Babelsberg
Potsdam-Babelsberg
Stahnsdorf
Einsteinturm
Templiner See
Stern
Kienwerder
Mühlenberg
Ruhlsdorf
Schlaatz
Drewitz
Güterfelde
Waldstadt
Kl. Ravensbg.
Gr. Ravensberg
Potsdam-Drewitz
Marggraffshof
Neubeeren
Großbeeren
Saugartenberg
Rehbrücke
Teltow
Schenkenhorst
Sputendorf
Nuthe
Wilhelmshorst
Bergholz-
Philippsthal
Saarmund
Nudow
Steinberg
Struveshof
Langerwisch
Nuthetal
Saarmund
Ahrensdorf
Ludwigsfelde-Ost
Michendorf
Fahlhorst
Ludwigsfelde-West
Dreieck Nuthetal
Schieferberg
Ludwigsfelde
Wildenbruch
Fresdorfer Heide
Backofenberg
Königsgraben
Gröben
Siethener See
Siethen
Großer Seddiner See
Kietz
Gröbener See
Tremsdorf
Rauher Berg
Fresdorf
Jütchendorf
Kleinbeuthen
Kerzendorf
Kähnsdorf
Schiaß
Naturpark Nuthe-Nieplitz
Größinsee
Thyrow
Nuthegraben
Mietgendorf
Großbeuthen
Stücken
Blankensee
Märkisch Wilmersdorf
Schlunkendorf
Breite

Das Register enthält eine Auswahl der im Cityatlas dargestellten Straßen und Plätze

A

Albert-Einstein-Straße **119/F5-120/A4**
Alexander-Klein-Straße **114/C5**
Allee nach Glienicke **117/D6-120/C3**
Allee nach Sanssouci **119/D3**
Alleestraße **115/E6-119/E1**
Alter Tornow **119/D5**
Althoffstraße **121/D4**
Alt Nowawes **120/C3**
Am Alten Friedhof **120/A5**
Am Alten Markt **119/F3**
Am Babelsberger Park **120/B2**
Am Bassin **119/E3**
Am Böttcherberg **117/D5-121/D1**
Am Brunnen **120/A6**
Am Drachenberg **114/A6-118/A1**
Am Golfplatz **114/C2**
Am Grünen Gitter **119/D3**
Am Hang **115/E4**
Am Havelblick **119/E5**
Am Jungfernsee **115/E3**
Am Kanal **119/E3**
Am Klubhaus **121/E4**
Am Krongut **114/B5**
Am Luftschiffhafen **118/A6**
Am Lustgartenwall **119/E4**
Am Mittelbusch **121/F6**
Am Neuen Garten **115/E6-119/F1**
Am Neuen Palais **118/A3**
Am Pfingstberg **115/E4**
Am Phloxgarten (1) **114/A3**
Am Raubfang **114/A5**
Am Reiherbusch **115/E4**
Am Schragen **115/E6-119/E1**
Am Sportplatz **121/E5**
Amtsstraße **114/B4**
Amundsenstraße **114/A6-118/A1**
Am Wildpark **118/A4**
An den Windmühlen **121/D5**
An der Orangerie **118/C2**
An der Roten Kaserne (15) **115/D3**
An der Sandscholle **121/E5**
An der Sternwarte **117/D6-121/D2**
An der Vorderkappe **119/E5**
Angermannstraße **115/E4**
Anhaltstraße **121/D4**
Annemarie-Wolf-Platz **115/D5**
Auf dem Kiewitt **119/D4**
August-Bebel-Straße **121/F5**
August-Bier-Straße **121/E3**
August-Bonnes-Straße **115/D6-119/D1**

B

Babelsberger Straße **119/F4-120/A4**
Baberowweg **121/D5**
Bäckerstraße **119/E3**
Bahnhofstraße **121/F5**
Bassinplatz **119/F2**
Beethovenstraße **121/F5**
Beetzweg **121/D6**
Behlertstraße **119/E2**
Behringstraße **121/D3**
Bendastraße **120/C4**
Benkertstraße **119/E2**
Benzstraße **120/C4**
Bergholzer Straße (1) **120/B4**
Berliner Straße **116/A6-120/A2**
Bertha-von-Suttner-Straße **115/E6-119/E2**
Bertiniweg **115/E3**
Beyerstraße **115/E6-119/E1**
Biberweg **121/D5**
Billy-Wilder-Platz **121/F4**
Binsenhof **120/C6**
Birkenstraße **115/E6-119/E1**
Blumenstraße **114/B5**
Blumenweg **121/D5**
Böcklinstraße **116/B5**
Bornstedter Straße **114/C6-118/C1**
Brandenburger Straße **119/E3**
Brauhausberg **119/F5**
Breite Straße **119/D3**
Brentanoweg **115/D6-119/D2**
Bruno-H.-Bürgel-Straße **121/D3**
Burgstraße **119/F3**

C

Carl-Adam-Petri-Straße **115/E3**
Carl-Christian-Horvath-Straße **115/D5-119/D1**
Carl-Gustav-Jacobi-Straße **115/E3**
Carl-von-Ossietzky-Straße **118/C3**
Charles-Tellier-Platz **114/C5**
Charlottenstraße **119/E3**
Clara-Zetkin-Straße **118/C3**

D

Daimlerstraße **120/C4**
Dianastraße **121/F5**
Dieselstraße **120/C4**
Domstraße **121/E3**
Donarstraße **121/D2**
Dortustraße **119/E4**
Drevesstraße **120/A5**

E

Ebräerstraße **119/E3**
Edisonallee **120/B4**
Eichelkamp **114/C2**
Eichenallee **114/A6-118/A1**
Eisenhartstraße **115/E6-119/E2**
Eltesterstraße (2) **119/F3-120/A3**
Emil-Jannings-Straße **121/E5**
Emmy-Noether-Straße **115/E2**
Erich-Mendelsohn-Allee **114/C5-118/C1**
Erlenhof **120/C6**
Erwin-Barth-Straße **114/C5**
Espengrund **121/E3**

F

Fährstraße **116/C2**
Fahrländer Damm **114/C1**
Falkenhorst **120/C6**
Feuerbachstraße **118/C3**
Fichtenallee **121/F6**
Filchnerstraße **121/D3**
Finkenweg **119/E5**
Fliederweg **114/C5**
Florastraße **114/A4**
Försterweg **121/F4**
Fontanestraße **121/E3**
Forststraße **118/A4**
Franz-Mehring-Straße **121/E4**
Französische Straße **119/F3**
Freiligrathstraße **121/E3**
Freyaplatz **121/D2**
Friedhofsgasse **119/F5-120/A5**
Friedrich-Ebert-Straße **119/E2**
Friedrich-Engels-Straße **119/F4-120/A4**
Friedrich-Holländer-Straße **121/E5**
Friedrich-List-Straße **119/F4-120/A4**
Friesenstraße **120/C4**
Fritz-Zubeil-Straße **121/D5**
Fuldaer Straße **121/F6**
Fultonstraße **120/C4**

G

Gagarinstraße **121/F6**
Garnstraße **120/C3**
Gartenstraße **121/D5**
Georg-Hermann-Allee **115/D6-119/D1**
Georg-W.-Pabst-Straße **121/E4**
Geschwister-Scholl-Straße **118/A4**
Glasmeisterstraße **120/B4**
Glienicker Brücke **116/B5**
Glienicker Winkel **121/D2**
Glumestraße **115/F5**
Goetheplatz **121/D3**
Goethestraße **121/D3**
Gontardstraße **118/A5**
Grabenstraße **114/B6-118/B1**
Gregor-Mendel-Straße **119/D2**
Grenzallee **114/B3**
Grenzstraße **120/C3**
Grillparzerstraße **119/D4**
Großbeerenstraße **120/C4**
Große Fischerstraße **119/F3-120/A3**
Große Weinmeisterstraße **115/E6-E4-119/F1**
Grüner Weg **114/A3**
Grünstraße **121/E5**
Gutenbergstraße **119/D3**

H

Habichthorst **120/C6**
Habichtweg **114/B5**
Haeberlinweg **114/B5-118/B1**
Haeckelstraße **118/B4**
Hannes-Meyer-Straße **114/C5**
Hans-Grade-Ring **121/F6**
Hans-Marchwitza-Ring **120/B3**
Hans-Sachs-Straße **118/C3**
Hans-Thoma-Straße **116/A6-119/F2-120/A2**
Hauptallee **118/B3**
Hebbelstraße **119/F2**
Hegelallee **119/D2**
Heideweg **121/D4**
Heilig-Geist-Straße **119/F3-120/A3**
Heinestraße **121/D3**
Heinrich-George-Straße **121/E5**
Heinrich-Mann-Allee **119/F4-120/A4**
Heinrich-von-Kleist-Straße **121/D5**
Helene-Lange-Straße **115/E6-119/E2**
Helmholtzstraße **115/F6-116/A6-120/A1**
Henning-von-Tresckow-Straße **119/E4**
Herderstraße **121/E3**
Hermann-Elflein-Straße **119/D3**
Hermann-Kasack-Straße **115/D5**
Hermann-Maaß-Straße **117/D6-121/D2**
Hermann-Mattern-Promenade **114/C5**
Hermann-Weyl-Straße **115/E2**
Herthastraße **121/D3**
Hessestraße **115/E5**
Hoffbauerstraße **119/E4**
Hoher Weg **121/D2**
Holzmarktstraße **119/F3-120/A2**
Horst-Bienek-Straße **115/D5**
Horstweg **120/B6**
Humboldtring **120/A4**

I

Im Bogen **118/A5**
Immenseestraße **118/A5**
Im Schäferfeld **121/F6**
Inselhof **120/C6**

J

Jägerallee **115/E6-119/E2**
Jägersteig **121/F4**
Jägerstraße **119/E2**
Jahnstraße **120/C4**
Jakob-von-Gundling-Straße **115/D6-119/D1**
Jochen-Klepper-Straße **115/D5**
Joe-May-Straße **121/F4**

Johannsenstraße **120/B4**
Johann-Strauß-Platz **117/D6-121/E2**
Joliot-Curie-Straße **119/F3**
Joseph-von-Sternberg-Straße **121/F5**
Jutestraße **120/C3**

K
Kantstraße **118/B4**
Karen-Jeppe-Straße **115/D6-119/E1**
Karl-Gruhl-Straße **120/C3**
Karl-Liebknecht-Straße **120/C4**
Karl-Marx-Straße **117/D6-121/D1**
Kastanienallee **118/B4**
Katharinastraße **121/F6**
Katharinenholzstraße **114/B5-118/B1**
Kiepenheuerallee **115/D5**
Kiezstraße **119/D4**
Kirschallee **114/C5**
Kladower Straße **116/C2**
Kleewall **121/D5**
Kleine Straße **121/E5**
Kleine Weinmeisterstraße **115/E5-119/E1**
Knobelsdorffstraße **118/B5**
Körnerweg **121/E3**
Konrad-Zuse-Ring **115/E2**
Konsumhof **121/D5**
Kopernikusstraße **120/C4**
Kottmeierstraße **120/B6**
Krampnitzer Straße **116/B2**
Kreuzstraße **120/C3**
Küsselstraße **119/D5**
Kunersdorfer Straße **120/A6**
Kurfürstenstraße **119/E2**
Kurze Straße **120/A4**

L
Lange Brücke **119/F4**
Langhansstraße **115/F5**
Leiblstraße **119/F2**
Leipziger Straße **119/E5**
Leistikowstraße **115/F5**
Leiterstraße **119/D6**
Lendelallee **114/A6-118/B1**
Lennéstraße **118/C3**
Lerchensteig **114/B1**
Lessingstraße **121/D3**
Lilian-Harvey-Straße **121/F4**
Lilienthalstraße **121/F6**
Lindenavenue **118/A3**
Lindenstraße **119/E3**
Lotte-Pulewka-Straße **120/A3**
Louis-Nathan-Allee **117/D5-121/D1**
Ludwig-Boltzmann-Straße **114/C5**
Ludwig-Richter-Straße **116/A5**
Luisenplatz **119/D3**
Lutherplatz **120/C4**
Lutherstraße **120/C3**

M
Mangerstraße **116/A6-119/F2-120/A2**
Marlene-Dietrich-Allee **121/E5**
Mauerstraße **119/D2**
Maulbeerallee **118/B2**
Max-Planck-Straße **119/F4**
Max-Volmer-Straße **120/B4**
Maybachstraße **118/B4**
Meistersingerstraße **118/C3**
Menzelstraße **116/B5**
Merkurstraße **121/F5**
Mies-van-der-Rohe-Straße **114/C5-119/D1**
Milanhorst **120/C6**
Mitteldamm **121/D6**
Mittelstraße **119/E2**
Mövenstraße **116/C5**
Moritz-von-Egidy-Straße (1) **115/D6-119/D1**
Mozartstraße **121/F5**
Mühlenbergweg **119/D2**
Mühlenstraße **120/B3**
Mühlenweg **115/F6-116/A5-120/A1**
Müllerstraße **121/D3**

N
Nansenstraße **118/C3**
Nedlitzer Straße **115/D2**
Nelkenweg **115/E4**
Neuendorfer Anger **120/B4**
Neue Straße **120/B3**
Nuthestraße **120/B2**
Nuthewinkel **120/B5**

O
Ökonomieweg **118/B3**
Orville-Wright-Straße **114/C5**
Otterweg **121/D5**
Otto-Erich-Straße **121/E3**
Otto-Nagel-Straße **115/F6-116/A6-119/F2-120/A1**

P
Paetowstraße **119/E6**
Pappelallee **114/B5**
Parallelweg **121/F6**
Parkstraße **119/D2**
Pasteurstraße **120/C3**
Paul-Engelhard-Straße **114/C5**
Paul-Neumann-Straße **121/D4**
Persiusstraße **115/E5**
Pestalozzistraße **121/D5**
Peter-Behrens-Straße **114/C5-119/D1**
Pietschkerstraße **121/F6**
Plantagenplatz **121/D3**
Plantagenstraße **121/D3**
Platz der Einheit **119/E3**
Posthofstraße **119/F3**
Potsdamer Straße **114/A4**
Prager Straße **121/D5**
Prof.-Dr.-Helmert-Straße **121/F3**
Puschkinallee **115/E6-119/E1**

R
Reiherweg **114/C5-118/C1**
Reinhold-Schneider-Straße **115/D5**
Reiterweg **115/E6-119/E1**
Rembrandtstraße **116/B5**
Reuterstraße **121/E4**
Ribbeckstraße **114/B6-118/C1**
Robert-Koch-Straße **121/E3**
Rosa-Luxemburg-Straße **117/D6-121/D2**
Roseggerstraße **118/B4**
Rosenstraße **121/D4**
Rubensstraße **116/A5-120/A1**
Rudolf-Breitscheid-Straße **120/C4**
Rudolf-Moos-Straße **121/D5**
Ruinenbergstraße **115/D6-119/D1**
Russische Kolonie **115/E5-119/E1**

S
Sattlerstraße **115/D6-119/D1**
Sauerbruchstraße **121/E3**
Scheffelstraße **121/D3**
Schilfhof **120/C6**
Schillerplatz **118/C4**
Schillerstraße **118/C4**
Schlaatzstraße **120/A4**
Schlaatzweg **120/B4**
Schlegelstraße **119/D2**
Schloßstraße **119/E4**
Schlüterstraße **118/A5**
Schmiedegasse **115/D6-119/D1**
Schopenhauerstraße **119/D2**
Schubertstraße **121/F5**
Schulstraße **120/C4**
Schwanenallee **116/B4**
Seestraße **115/F6-116/A6-120/A1**
Sellostraße **119/D3**
Semmelweisstraße **120/C3**
Siefertstraße **119/E3**
Siegwald-Sprotter-Straße **114/B5-118/B1**
Siemensstraße **120/C4**
Sonnenlandstraße **118/A5**
Sperberhorst **120/C5**
Spindelstraße **120/C3**
Spitzweggasse **117/D6-121/D2**
Spornstraße **119/E3**
Stadtheide **118/B6**
Stahnsdorfer Straße **121/D4**
Stechlinweg **115/D6-119/D1**
Steinstraße (Wanns.) **121/F4**
Stephensonstraße **121/D4**
Stormstraße **118/B5**

T
Tannenstraße **117/D5-121/D1**
Teltower Damm **120/B6**
Templiner Straße **119/D6**
Thaerstraße **114/B4**
Tieckstraße **119/D2**
Tizianstraße **116/B5**
Tornowstraße **119/D5**
Tuchmacherstraße **120/C3**
Türkstraße **119/F3-120/A2**
Turmstraße **121/F6**

U
Uferweg (Potsdam-West) **118/B5**
Uferweg (Templiner Vorstadt) **118/C5**
Uhlandstraße **121/D3**
Ulmenstraße **121/E6**
Ulrich-von-Hutten-Straße **119/D6**
Ungerstraße **118/A5**

V
Verlängerte Amtsstraße **114/B4**
Virchowstraße **121/E2**
Vogelweide **115/E3**
Voltaireweg **115/D6-119/D2**

W
Wagnerstraße **121/F5**
Waldmüllerstraße **117/D5-121/D1**
Waldstraße **120/B6**
Wall am Kiez **119/D3**
Walter-Klausch-Straße **121/D5**
Wannseestraße **117/D6-121/D1**
Wasserstraße **117/D6-121/D1**
Wattstraße **120/C4**
Weberplatz **120/C3**
Weidendamm **121/D5**
Weinbergstraße **119/D2**
Weinmeisterweg **116/C2**
Werderscher Weg **118/A4**
Werner-Seelenbinder-Straße **119/E3**
Wetzlarer Straße **121/E6**
Wichgrafstraße **120/C4**
Wickenweg **115/E4**
Wielandstraße **118/C4**
Wiesenstraße **120/A4**
Wilhelm-Leuschner-Straße **117/D5-121/D1**
Wilhelm-Staab-Straße **119/E3**
Wollestraße **120/B3**

Y
Yorckstraße **119/E3**

Z
Zarah-Leander-Straße **121/E5**
Zeppelinstraße **119/D3**
Zimmerplatz **119/D3**
Zimmerstraße **119/D3**
Zum Lausebusch **114/B4**
Zur Historischen Mühle **118/C2**

KARTENLEGENDE

Autobahn mit Nummer
Motorway with number
Autoroute avec numéro

Nummer der Autobahnanschlussstelle
Motorway junction number
Numéro d'echangeur d'autoroute

Schnellstraße/ Bundesstraße
Expressway/ Federal road
Route express/ Route nationale

Durchgangsstraße
Main through road
Grande route

Übrige Straßen/ Weg
Other roads/ Footpath
Autres routes/ Sentier

Straßen in Bau/ Planung
Roads under construction/ projected
Routes en construction/ en projet

Fußgängerzone/ Einbahnstraße
Pedestrian zone/ One-way street
Zone piétonnière/ Rue à sens unique

Stadt- und Gemeindegrenze
Town and communal boundary
Limite de ville et commune

Umweltzone
Environmental zone
Zone environnement

Eisenbahn mit Bahnhof
Railway with station
Voie ferrée avec gare

Güter- und Industriebahn
Freight and industrial railway
Voie ferrée de marchandise et industrielle

S-Bahn mit Nummer und Station
Rapid transit train with number and station
Train en trafic suburbain avec numéro et gare

U-Bahn/ Stadtbahn
Underground/ Light Rail
Métro/ Métro Léger

Bus/ Straßenbahn mit Endhaltestelle
Bus/ Tramway with terminus
Autobus/ Tramway avec terminus

Parkplatz/ Parkhaus/ Tiefgarage
Car park/ Parking house/ Underground car park
Parking/ Garage/ Parking souterrain

Park+Ride/ Parkleitsystem
Park+Ride/ Parking control system
Park+Ride/ Système de signalisation

Hallenbad
Indoor swimming pool
Piscine couverte

Kirche
Church
Église

Krankenhaus
Hospital
Hôpital

Campingplatz/ Jugendherberge
Camping site/ Youth hostel
Camping/ Auberge de jeunesse

Post
Post office
Bureau de poste

Försterei
Forester's lodge
Maison forestière

Einzelne Bäume
Isolated trees
Arbres isolés

Wirtshaus/ Ausflugslokal
Inn/ Excursion-Inn
Auberge/ Café-Restaurant

Sendeanlage/ Leuchtturm
Transmitting station/ Lighthouse
Station d'émission/ Phare

Denkmal/ Turm
Monument/ Tower
Monument/ Tour

Windmühle/ Windrad
Windmill/ Windpower
Moulin à vent/ Éolienne

Tourist-Information
Tourist information center
Syndicat d'initiative

Konsulat/ Botschaft
Consulate/ Embassy
Consulat/ Ambassade

Wald/ Park, Friedhof
Forest/ Park, Cemetery
Fôret/ Parc, Cimetière

Weinberg
Vineyard
Vignoble

Heide/ Moor, Sumpf
Heath/ Marsh, Swamp
Lande/ Marais, Marécage

MARCO POLO Erlebnistour 1
MARCO POLO Discovery Tour 1
MARCO POLO Tour d'aventure 1

MARCO POLO Erlebnistouren
MARCO POLO Discovery Tours
MARCO POLO Tours d'aventure

MARCO POLO Highlight

In diesem Register sind alle im Reiseführer erwähnten Sehenswürdigkeiten und Ausflugsziele sowie einige wichtige Straßen und Plätze aufgeführt. Gefettete Seitenzahlen verweisen auf den Haupteintrag.

Abenteuerpark 94
Alexander-Newski-Kirche 49
Alte Fahrt 32
Alter Friedhof 55
Alter Markt 28, 85, 86
Altes Rathaus 16, 28, **29**, 55, 87
Babelsberg 23, **53**, **54**, **55**, 89, 105
Babelsberger Park 14
Belvedere (Klausberg) 46
Belvedere (Pfingstberg) 25, 45, **46**
Berliner Vorstadt 56
Bildergalerie 37
Biosphäre Potsdam **46**, 54
Blumengarten 50
Bornstedter Friedhof 47
Botanischer Garten 37
Brandenburger Straße 27, 68
Brandenburger Tor **29**, 84, 88
Brandenburger Vorstadt 56
Caputh **99**, 102, 104
Chinesisches Teehaus **38**, 84
Communs 41
Dampfmaschinenhaus **30**, 53
Dortustraße **30**
Drachenhaus 46
Einsteinturm 59
Extavium 94
Fabrik 35
Ferch 96, 99, **100**, 102
Filmmuseum **30**, 49, 87
Filmpark Babelsberg 17, 49, 54, **57**, **94**
Flatowturm 54, 91
Foerster-Garten 58
Französische Kirche **32**, 88
Freundschaftsinsel 22, **32**
Friedenskirche **38**, 88
Friedrichskirche 55
Garnisonswäscherei 36
Gedenk- und Begegnungsstätte Leistikowstraße 47
Gedenkstätte Lindenstraße 54 32
Geltow 100
Gerichtslaube 54
Glienicker Brücke 13, 16, **21**, 22, 25, 59, 85, 97
Glienicker Lake 53
Gotische Bibliothek 50
Griebnitzsee 56, 89, 109
Große Neugierde 96
Großes Militärwaisenhaus 33
Hans-Otto-Theater 35, 56, **75**, 85
Haus der Brandenburgisch-Preußischen Geschichte **33**, 35, 49, 87
Heckentheater 41
Heilandskirche 25, 102
Heiliger See 56
Hermannswerder 57
Hiller-Brandtsche Häuser 88
Historische Mühle 40
Hofgarten-Karree 68
Holländisches Etablissement 50
Holländisches Viertel 13, 18, 27, **33**, 37, 68, 72, 85, 88, 105
Jägertor 33
Jan-Bouman-Haus 33
Kabinetthaus 35
Kaiserbahnhof 40
Kaiserliche Matrosenstation Kongsnæs **58**, 85
Karl-Liebknecht-Stadion 23
Klaistow 101
Kleines Schloss 53
Knobelsdorffhaus 28, 29
Königlicher Kutschstall 87
Krongut Bornstedt **47**, 68, 105
Küchengebäude (Marmorpalais) 51
Lindenhof 68
Lindenstraße 34
Luisenforum 68
Marmorpalais 49, **50**, 85
Marstall 32, 54
Matrosenhaus 54
Medienstadt Babelsberg 57
Meierei **51**, 111
Mühlenmuseum 40
Museum Alexandrowka 48
Museum Fluxus + 35
Naturkundemuseum 34, 49
Nauener Tor **35**, 88
Nauener Vorstadt 48
Neu-Babelsberg 55
Neue Fahrt 32
Neue Kammern 84
Neuer Friedhof 59
Neuer Garten 14, 25, **49**, 85, 97, 110
Neuer Lustgarten 16, 28, 32
Neuer Markt 27, **35**, 87
Neues Palais 15, 16, **40**, 84, 95, 104
Nikolaikirche 16, 28, **35**, 87
Nikolskoe 97
Normannischer Turm **49**
Olympiastützpunkt Potsdam 23
Orangerie 50
Orangerieschloss **41**, 84
Palast Barberini 16
Palazzo Chiericati 16
Palazzo Pompei 16
Paretz **101**
Park Babelsberg 25, **53**, 90, 97, 110
Park Charlottenhof 47
Park Sanssouci 25, 37, 47, 84, 97, 110
Peter-Pauls-Kirche **35**, 88
Petzow 99, **102**
Pfaueninsel 25, 96, **98**
Pfingstberg 25
Pomonatempel 46
Potsdam Museum 29, 49
Pyramide 51
Ravensberge 25
Römische Bäder 42
Russische Kolonie Alexandrowka 13, 25, 45, 48, **49**, 85
Sacrow 25, 102
Sacrower Halbinsel 102
Schiffbauergasse 14, **35**, 56, 72, 85, 105
Schloss Babelsberg **54**, 90
Schloss Cecilienhof 16, 22, **51**, 85
Schloss Charlottenhof 42
Schloss Glienicke 99
Schloss Neue Kammern 42
Schloss Sanssouci 13, **37**, **43**, 84, 131
Schlossküche 44
Schlosstheater 41, 75
Schwielowsee 96, 131

Stadtkanal 16, 87
Stadtschloss 16, 24, 27, 28, **36**, 85, 86
Ständehaus 34
Telegrafenberg 25, 54, 59
Tiefer See 53, 56, 111
Turbine Potsdam 13
Uferpark 36
Villa Schöningen 22, **59**, 85
Volkspark Klein-Glienicke 96, **99**
Volkspark Potsdam 15, 95
Weberplatz 55, 105
Werder 62, 99, 102, **103**, 104
Wissenschaftspark Albert Einstein 54, **59**
Zichorienmühle 36
Zinnfigurenmuseum 47
Zweite Neustadt 37

SCHREIBEN SIE UNS!

Egal, was Ihnen Tolles im Urlaub begegnet oder Ihnen auf der Seele brennt, lassen Sie es uns wissen! Ob Lob, Kritik oder Ihr ganz persönlicher Tipp – die MARCO POLO Redaktion freut sich auf Ihre Infos.
Wir setzen alles dran, Ihnen möglichst aktuelle Informationen mit auf die Reise zu geben. Dennoch schleichen sich manchmal Fehler ein – trotz gründlicher Recherche unserer Autoren/innen. Sie haben sicherlich Verständnis, dass der Verlag dafür keine Haftung übernehmen kann.

MARCO POLO Redaktion
MAIRDUMONT
Postfach 31 51
73751 Ostfildern
info@marcopolo.de

IMPRESSUM
Titelbild: Potsdam, Tiefer See (Laif/Le Figaro Magazin: Martin)
Fotos: Brille und Bauch, Agentur für Kommunikation KG (19 o.); J. A. Fischer (100); Fotostudio Böttcher (105); R. Freyer (Klappe l., 8, 59, 66 r., 70); Galerie Ruhnke: Werner Ruhnke (18 o.); Getty images Creative RM/Look: Böttcher (4 u.); huber-images: R. Schmid (2, 17, 26/27, 36, 82/83, 106 o., 107); © iStockphoto: Tomasz Pietryszek (18 u.); Laif: Büssemeier (94), Kirchner (10, 11, 46, 95, 96/97, 104/105); Laif/Le Figaro Magazin: Martin (1 o.); Laif/Zenit: Langrock (75); J. Leopold (30); Look: Böttcher (22, 62, 104); mauritius images: Bahnmüller (68/69); mauritius images/age: C. Koserowsky (103); mauritius images/Alamy: McCanner (98); mauritius images/United Archives/INSADCO: Plöb (4 o., 14/15); picture alliance/Zentralbild (5); J. Scheibner (Klappe r., 56/57, 112/113); Seebad Caputh GbR (18 M.); Stiftung Preußische Schlösser und Gärten Berlin-Brandenburg: M. Weigt (38, 48, 52); Stiftung Preußische Schlösser und Gärten Berlin-Brandenburg/Laif: Kirchner (42/43); K. Sucher (1 u. o., 81); vario images/Chromorange (66 l.); M. Weigt (3, 6, 7, 9, 12/13, 19 u., 20/21, 25, 32, 33, 34, 40, 44, 51, 55, 60/61, 65, 72/73, 76/77, 78, 87, 90, 93, 94/95, 106 u.); B. Wurlitzer (1 u.)

12. Auflage 2017
Komplett überarbeitet und neu gestaltet

Chefredaktion: Marion Zorn
Autoren: Kerstin Sucher, Bernd Wurlitzer
Redaktion: Marlis v. Hessert-Fraatz; Verlagsredaktion: Lucas Forst-Gill, Susanne Heimburger, Tamara Hub, Nikolai Michaelis, Kristin Schimpf, Martin Silbermann
Bildredaktion: Gabriele Forst
Im Trend: wunder media, München
Kartografie Reiseatlas: © MAIRDUMONT, Ostfildern; Kartografie Faltkarte: © MAIRDUMONT, Ostfildern
Gestaltung Cover, S. 1, S. 2/3, Faltkartencover: Karl Anders – Büro für Visual Stories, Hamburg; Gestaltung innen: milchhof:atelier, Berlin; Gestaltung Erlebnistouren: Susan Chaaban Dipl.-Des. (FH)

Printed in China

FSC www.fsc.org MIX Paper from responsible sources FSC® C011918

BLOSS NICHT

Tipps für einen ungetrübten Potsdam-Besuch

ZU SPÄT KOMMEN

Wenn Sie in den Ferienmonaten erst am späten Nachmittag auf eine Eintrittskarte für das Schloss Sanssouci hoffen, dann haben Sie sicher Pech. Mittags sind oftmals schon alle Karten verkauft, denn aus restauratorischen Gründen ist die tägliche Besucherzahl begrenzt.

DEN OBSTWEIN UNTERSCHÄTZEN

„Bretterknaller" wird der Obstwein aus Werder bei Potsdam bezeichnet, denn er hat einen Alkoholgehalt von 14 Prozent. Böse Erfahrungen musste schon manch einer machen, der den süffigen Sauerkirsch-, Erdbeer-, Schwarze-Johannisbeer- oder Apfelwein wie Fruchtsaft in sich hineinschüttete.

MIT DEM AUTO FAHREN

Gut beraten ist, wer das Auto parkt und für den Rest des Tages nicht wieder einsteigt, um seine Nerven zu schonen. Denn für Gäste erscheint die Verkehrsführung oftmals chaotisch. Zum anderen: Zu Fuß oder mit dem Fahrrad sehen Sie vieles, was Ihnen als gestresster Autofahrer entgeht.

LEICHTSINNIG SEIN

Bei südlichen bis südwestlichen Winden kann sich der Schwielowsee in ein gefährliches Gewässer verwandeln. Nicht wenige Bootsfahrer hat der plötzlich aufkommende Wellengang schon in Lebensgefahr gebracht.

UNACHTSAM SEIN

In Warenhäusern oder öffentlichen Verkehrsmitteln achtet mittlerweile jeder auf seine Taschen. Wer tut das aber schon am Eingang von Schloss Sanssouci? Hier glaubt man sich im Kreis von Kunstfreunden und schenkt Geldbörse, Brief- und Handtasche keine Aufmerksamkeit. Taschendiebe haben das mitbekommen und mischen sich als auskunfts- und diskutierfreudige Potsdam-Kenner unter die Wartenden. Also, Vorsicht!

IN DEN PARKS HERUMTOBEN

Die Rasenflächen in den Parks von Sanssouci, Babelsberg und im Neuen Garten dürfen Sie nicht betreten, denn sie gehören mit zum geschützten Welterbe. Ihr Rad sollten Sie nicht mitnehmen, denn das Schieben und Fahren in Schrittgeschwindigkeit ist nur begrenzt gestattet. Verboten sind Inlineskaten, Ballspielen und Musik, Hunde sind anzuleinen. Verstöße gegen die Parkordnung werden gnadenlos geahndet. Bereits das Lagern auf Wiesen kostet bis zu 35 Euro!

AUF HIGHHEELS BALANCIEREN

Auch wenn in den Schlössern keine Filzpantoffeln mehr über das normale Schuhwerk gezogen werden müssen, so ist es doch ratsam, sich nicht mit Highheels auf Stadterkundung zu begeben, sondern lieber bequeme, flache Treter anzuziehen.

Potsdam

Tagesliniennetz

Daytime Netw

Verkehrsverbund Berlin-Brandenburg
Alles ist erreichbar.

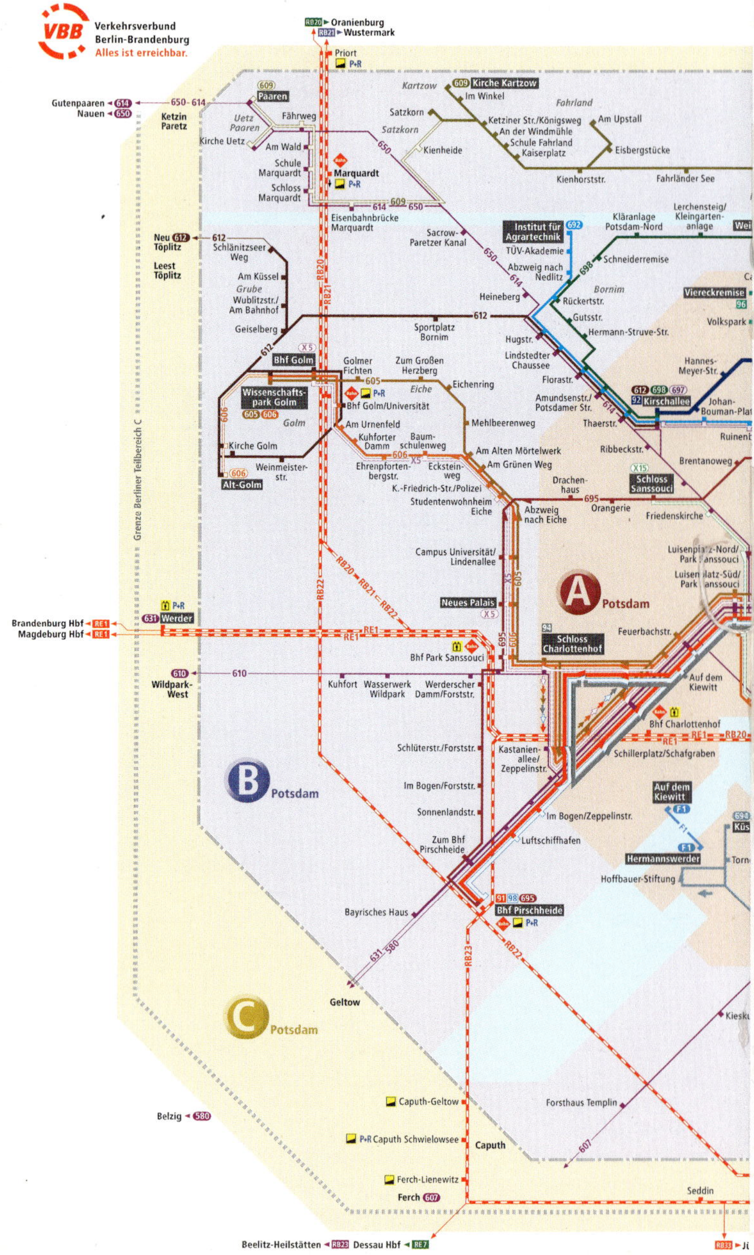